范月嬌 著

文史哲學術叢刊

靜齋古典詩文論叢

文史哲出版社 印行

靜齋古典詩文論叢 / 范月嬌著. -- 初版. -- 臺
北市：文史哲, 民 93
面： 公分.（文史哲學術叢刊；20）
ISBN 957-549-571-3 (平裝)

1. 中國文學－宋（960–1367）－論文,講詞等

830.51

文史哲學術叢刊 20

靜齋古典詩文論叢

著　者：范　月　嬌
出版者：文　史　哲　出　版　社
http://www.lapen.com.tw
登記證字號：行政院新聞局版臺業字五三三七號
發行人：彭　正　雄
發行所：文　史　哲　出　版　社
印刷者：文　史　哲　出　版　社
臺北市羅斯福路一段七十二巷四號
郵政劃撥帳號：一六一八〇一七五
電話886-2-23511028・傳真886-2-23965656

實價新臺幣三二〇元

中華民國九十三年（2004）八月初版

ISBN 957-549-571-3

自序

余於宋人陳師道、黃庭堅詩情有獨鍾，已見拙著《陳師道及其詩研究》《黃山谷詩初探》二書，間亦愛好圈點蘇東坡詩，擬作長程研究，再出專輯。先夫雄勳教授以研究蘇東坡詩者，已重林疊翠，建議余專治三蘇策論較易獨樹一幟。余於三蘇詞筆之自然奔放，立論輒孤峰突出，亦素所欽羨，故欣然從之。數年來先後圈點三蘇文凡百有餘篇，再選其中最易爲莘莘學子所接受者四十二篇，由先夫校註評析二十有二篇，余則二十篇，合刊曰《三蘇文選校註評析新編》。至於三蘇策論研究專著，稍假時日，當可問世也。在本書中選出余所校註評析，以能代表蘇洵文之淵源與特色爲主者七篇，蘇軾八篇，蘇轍五篇，逐篇分爲原文、題解、校勘、註解、評析四部分，以發其眞義，或補其疏略，突顯其文旨。

此外，余自幼愛好文學，在學期間，先後獲得小說創作、新詩創作等項全國文學獎。嗜愛古典詩，則始於肄業台北女師，受詩詞家譚訓聰、羅祖謙、賓國振諸先生之影響，之後攻讀淡江大學中文系，獲詞章家楊向時先生之獎掖，東瀛留學六年間，承彼邦漢學大師白川靜、高木正一、松本幸男、筧文生諸先生之薰陶，益增吟興，只以秉賦鈍拙，意境難高。唯詩言志，先夫嘗以其詩謂余曰：「余詩力雖淺，然皆誠之於中，形之於外，故亦有一、二可誦之作。如當年中日和約談判，波瀾洶湧，國人憤慨，余以〈春柳用王漁洋韻五首〉，抒胸中之塊壘，賈煜如院長許爲典切詞婉；〈外舅七十壽〉，吳春晴丈許爲典雅詞華。」余曰：「余詩背景與君容有不同，然亦皆性情之作也。」先夫中年後因忙於校務，吟興稍減，余則寖饋學術，久疏吟事，且隨作隨棄，現有保存者百餘首，爲免全部散失，爰與文稿合併付諸剞劂，敝帚自珍，難免貽笑方家耳。

甲申孟春范月嬌謹識於淡江大學中文系研究室

靜齋古典詩文論叢　目次

靜齋古典詩文論叢

四

陳師道及其詩論

引　言

中國古典詩歌的發展，源遠流長。每一個時期的詩作，各有其特色，而各朝詩作，正以其各自的特色顯露其光輝。

詩的發展，是相續而又相禪的，故清葉燮《原詩》曾說：「詩之爲道，未有一日不相續相禪而或相息者也。」①雖有一段時期，或有盛有衰，但就其整合的發展來看，常由盛而至衰，由衰而復盛，葉氏又說：「但就一時而論，有盛必有衰；綜千古而論，則盛而必至於衰，又必自衰而復盛。」也是此意。

因此，某一個時期的詩歌作者，就必須在前人的詩作基礎上有所突破、有所發展，而建立起本身的風格、那個時代的風格，才能成爲一代的宗師、衆人推崇的對象。所以清錢謙益嘗評譏只會摹擬前人詩而無突破之作云：「本朝自有本朝之文，而今取其似漢而非者爲本朝之文。本朝自有本朝之詩，而今取其似唐而非者爲本朝之詩。人盡蔽固其心思，廢黜其耳目，而唯繆學之是師。」②

宋處於唐之後，詩在唐代，可說是發展至另一高峰，清錢泳《履園譚詩》云：「詩之爲道，如草木之花，逢時而開，全是天工，並非人力。溯所由來，萌芽於三百篇，生枝布葉於漢、魏，結蕊含香於六朝，而盛開於有唐一代。」處在這種文學情勢之下，宋代詩人如要建立起本身的風格，開拓本身的道路，自然是需要有巨大的魄力，過人的智慧，並經一番艱苦的努力的。

宋初詩壇有九僧，詩學賈島，多拘泥晚唐而不知變，有佳句而無佳篇，故其詩至歐陽脩時，已不復傳。眞宗景德年間，楊億、錢惟演、劉筠等與朝中苑臣相互唱和，所作見《西崑酬唱集》二卷，其詩以藻麗爲勝，爲宋代詩學之初步革新，但在改變唐代詩風，樹立宋詩本身之獨特性格上，其力不大，所作雖或有可取，但難領詩人自成一路。是以代表宋代詩風之歐陽脩、黃庭堅，雖然不走西崑路線，但亦頗尊重楊、劉，歐陽脩《六一詩話》云：「自《西崑集》出，時人爭效之，詩體一變。而先生老輩患其多用故事，至於語僻難曉，殊不知自是學者之弊。如子儀〈新蟬〉云：『風來玉宇烏先轉，露下金莖鶴未知。』雖用故事，何害爲佳句也。又如『峭帆橫渡官橋柳，疊鼓驚飛海岸鷗。』其不用故事，又豈不佳乎？」

宋文化爲一知性反省的文化，因此於詩的理論上，關注於詩意的探討、追求與表現，而屢受議論之黃庭堅之「奪胎換骨法」說，亦屬詩意之探索與表現之道理，而重於秩序建構的講求，使宋代詩論亦重詩法，而且，宋代社會，繼中唐社會型態之發展，都市經濟發達，庶民文化勃興③。日本學者青木正兒〈琴棋書畫〉云：「六朝至唐，文人生活以貴族豪華趣味為主調。到了宋代，文人以庶民質素趣味為主調。貴族好雅，庶民好野；純雅流於奢侈，純野流於俚鄙。宋代文人取二者的調合，以清出之。」宋初西崑體以「藻麗」為主，雖頗反應宋初「國家祥符中，民風豫而泰，操筆之士，率以藻麗為勝」之情況④，但深具唐風，不能貼合宋代文化之精神，而且欠缺理論之推廣，不能獲得廣泛文士之支持，所以此詩風至元祐年間，不得不改轍易向。可以說，歐陽脩始與晚唐離，黃庭堅始與晚唐絕。

宋詩，黃庭堅力創之後，當時諸詩人力加推挽，加以宗派、社會、正統觀念之促使，於是江西詩社成焉。呂本中曾作《江西詩社宗派圖》，自黃庭堅以下陳師道等二十五人，為江西詩社中人。江西詩風，是宋詩之主流，亦是宋詩之典則。江西派詩，可說在唐之後，開創詩歌寫作的另一條道路，後之論者，常取唐、宋詩風之不同，相互比較。

陳師道是宋詩理論與創作者中之佼佼者，其詩作早在宋代已獲得時人的肯定，如蘇軾讚其「文詞高古，度越流輩。」⑤等等，論者或讚其善學杜詩⑥，或讚其詩味永有餘意⑦，或讚其詩風淡雅、自然、有深意⑧。陳師道的詩，不僅是宋詩之傑出者，亦代表宋代詩風。鄭振鐸《插圖本中國文學史》云：「真實的為宋詩開闢了一條大道的，乃是黃、陳二人所領導著的江西詩派。」因此研究宋詩，不能不研究陳師道詩，提及中國歷代詩家，也不能不提及陳師道，研究陳師道詩是有其重大意義的。

陳師道的詩論，見於《後山詩話》、《後山集》等有關言論中。其詩見不僅能突出宋詩之精神、宋代文化之特色，亦可說是宋代詩論的先導、宋代詩作的指針。所以張健教授喻之為「不僅是一位富有代表性的詩人，也是一位完成江西詩派重要文學理論的批評家。」⑨敏澤言及陳師道時也說：「江西詩派（除黃庭堅外）人中，除陳師道在當時有較大的影響外，其他在創作和理論批評方面都沒有什麼影響較大的著作。」⑩

然而，陳氏之詩論，後世亦有不同的看法。師道言詩文應先學黃庭堅、韓愈詩，不由黃詩、韓詩而直學《左傳》、杜詩，則將失之拙易⑪。王若虛評云：「此顛倒語也。左、杜冠絕古今，可謂天下之至土，而無以加之矣。黃、韓信美，曾何可及，而反憂學者拙易之失乎？且黃、韓與二家亦殊不相似，初不必由此而為彼也。陳氏喜為高論而不中理，每每如此。」⑫因此研究陳師道之詩論，持平地辨析後人對其詩論的看法也是有一定意義的。

以上所述，是本論文決定以「陳師道及其詩論」為題，分析陳師道其人其事及其詩論的原因。文分五節：首為引言，就宋詩研究之意義與陳氏詩論之意義，敘述本文撰寫之動機；次述陳氏之生平事蹟；三為辨正《後山詩話》；四述陳氏之詩論；末為結論。

一　陳師道其人其事

陳師道，字履常，一字無己，自號後（一作后）山居士，宋仁宗皇祐四年（一〇五二）[13]八月十日生於故居徐州（今江蘇銅山）或雍邱（今河南杞縣）。師道出生時，其祖洎已卒三年，祖孫未及相見。是年，父琪三十六歲，母龐氏三十四歲。其父可能仍丁憂家居，或已除服赴雍邱主簿任。

師道從童年到步入宦途，期間有三十五年餘的閒居歲月，可分爲兩個階段。第一階段：自出生至二十五歲（皇祐四年至熙寧九年）。在這二十五年間，師道一家隨父官職的調遷而同住於各任職之所。其父在這二十五年間的動向如下表所示：

年號	干支	公元	年歲	官職	備註
宋仁宗皇祐四年	壬辰	一〇五二	36	雍邱主簿。	師道出生時是否已赴任，不詳。
嘉祐八年	癸卯	一〇六三	47	冀州度支使。	
宋英宗治平二年	乙巳	一〇六五	49	遷大理寺丞。旋出知隴州汧陽縣。	
宋神宗熙寧元年	戊申	一〇六八	52		可能是年罷汧陽任，閒居開封。

四年　辛亥　一〇七一	55	通判金州。	
八年　乙卯　一〇七五	59		離金州往開封。
九年　丙申　一〇七六	60	以國子博士通判絳州，待次於雍邱。	四月戊申（二十三日）卒。

在這段時期裡，值得一提的有二事：一爲熙寧七年，師道隨父居金州（今陝西安康），時尚書水部郎中劉君刺守金州，爲紀念當地政平歲豐，人民安樂，乃造一亭於北城之上，名忘歸之亭，又使師道爲之作記[14]，這篇記是師道詩文最早可考者。師道以二十三歲之齡就爲知州所賞識，大概師道在當時已稍有文名。一爲熙寧八年，師道隨父離金州往開封，途經襄州（今湖北襄陽），曾鞏時知襄州，師道持文往謁，是爲師道與曾鞏相識之始。第二階段：從二十五歲至三十六歲（熙寧九年至哲宗元祐二年）的十二年間。熙寧九年四月二十三日，師道的父親卒於雍邱，師道兄弟扶喪歸徐州故里。是年，突遭父喪，生活陷入困境而手足無措，誠如其自述：「僕家以仕爲業，舍仕則技窮矣。故僕之於仕，如瘖者之溺，聲氣不動而手足亂矣。」[15]次年四月，蘇軾移知徐州，不久蘇轍亦來徐，師道偕二兄師黯、師仲往謁；秦觀及釋道潛（參寥）亦來謁二蘇、師道始識二蘇、秦、參諸人。是年秋，徐州大水成災，蘇軾爲紀念此次的水患，遂於次年春，建造了一座黃樓，使師道作銘。這篇「黃樓銘」，甚獲時人稱讚，曾鞏更加讚譽，比之秦之刻石。《朱子語類》卷一三九載：「陳後山之文有法度，如黃樓銘，當時諸公都斂衽。」《宋史》本傳

云：「（陳師道）嘗銘黃樓，曾子固謂如秦石。」後此數年中，師道雖困窮到不能養親畜妻子的地步，但仍樂於與士人同遊，他說：「士之從吾遊者，始若慕向，繼以怒辱，昔欲唾其面，而今願交，去來紛然，生固自若也。」⑯自其父去世後的十年間，師道的潦倒情況於〈答張文潛書〉可見，書云：「……足下憫僕無以事親畜妻子，宜從下科以幸斗食，疑僕好惡與人異情。足下與僕至矣，僕何以得之？何以受之？……世徒見其忍而不發，遂以爲好惡異人，此殆談者過情，聽者過信耳。雖然，僕病且老矣！目有黑子而昏華，瘰癧俠於頸頷，隱起而未潰；氣伏於胸腹之間，下上不時；痔形於下體者十年矣。志強而形憊，年未既而老及之，足下雖欲進之，而僕不能勉也。」⑰師道在二十五年以前是依父生活，過著不愁衣食的日子；父親去世後的十餘年間，由於生活的重擔，壓得他喘不過氣來，使得他「志強而形憊」，變得「年未既而老及之」。因此，親友皆勸其求仕進以「幸斗食」，幾經挫折，終以蘇軾等人的薦舉而進入了宦途。

師道因未應科舉，仕途波折，直到哲宗元祐二年（一〇八七）四月乙巳（二十四日），才由蘇軾、傅堯俞、孫覺等人合薦，破格以白衣出仕亳州司戶參軍（虛銜）、徐州州學教授（實職），二十八日命令到達，旋即赴任，館於徐州之東禪寺，〈持善序〉云：「元祐二年春，徐之東禪主者懷超，夢出庭中，見二大士相繫於木下，怪而問之。對曰：此陳教授氏之物也。是夏，師道始承命至，則館於東禪。豈於二大士緣有素乎？」⑱這是師道仕宦之始。是年，師道已是三十六歲的中年人了。

元祐四年（一〇八九）七月，由左諫議大夫梁燾薦引爲太學正候差。因先前有未經知州許可而私自往謁蘇軾之事，曾被左司諫劉安世彈劾，謂師道擅離職守，倖未獲罪。次年，移潁州（今安徽阜陽）教授，其冬赴任。紹聖元年（一〇九四）夏末，師道因進非科第，罷潁州教授職，曾赴吏部登記，得監海陵（今江蘇泰縣）酒稅，〈與魯直書〉云：「紹元夏末，以例罷官，遂赴部，得監海陵酒。」⑲次年春，又由海陵酒稅改官江州彭澤令。三月二十九日，母病逝於東阿（今山東東阿）舟中，以丁憂未赴彭澤任。丁憂以後，因「向緣餘黨」，未得起用，自紹聖元年至元符三年（一〇九四～一一〇〇），共被廢置了七年，〈與曾樞密書〉云：「納溝斷木，僅逃樵爨之憂，抱極列星，但仰文明之燭。向緣餘黨，例罷故官，一廢七年，日有投荒之懼，十生九死，卒完塡壑之軀，既逃影而匿形，故使人之忘己。」⑳在這失官的七年中，師道無分文收入，困窘之狀，於其元符二年寫給黃庭堅魯直的信中表露無遺。〈與魯直書〉云：「……明年之春，復遭家禍，居貧口衆，轉舍往來，而卒歸鄉里，逮今三歲矣。而法當居外射闕，亦既申部而請矣。不辨一到京師，又不敢數數申部；今亦再歲矣，不蒙注擬。罷官六年，內無一錢之入，艱難困苦，無所不有，溝壑之憂，近在朝夕，甚可笑也。師道被廢置了七年之後，於哲宗元符三年七月復起，除棣州（今山東惠民）教授，十一月，改除祕書省正字；未赴棣州，又中途折返。徽宗建中靖國元年（一一〇一）十二月二十九日卒於祕書省正字官任內。享年虛歲五十，實歲四十九。

師道自三十六歲除徐州教授至去世，在官僅九年餘，他的仕宦時期可說甚爲短暫。茲將其仕宦歷程列一表如下：

年號	干支	公元	年歲	官職	備註
宋哲宗元祐二年	丁卯	一〇八七	36	徐州教授。	四月乙巳聞命。
三年	戊辰	一〇八八	37	徐州教授。	
四年	己巳	一〇八九	38	徐州教授。	
五年	庚午	一〇九〇	39	徐州教授，移潁州教授。	冬日自徐赴潁。
六年	辛未	一〇九一	40	潁州教授。	
七年	壬申	一〇九二	41	潁州教授。	
八年	癸酉	一〇九三	42	潁州教授。	
紹聖元年	甲戌	一〇九四	43	潁州教授。	夏末罷官，至吏部注官，得監海陵酒稅，未赴任。
二年	乙亥	一〇九五	44	由監海陵酒稅改官江州彭澤縣令。	三月二十九日母病逝，丁憂，未赴任。
元符三年	庚辰	一一〇〇	49	棣州教授，改除秘書省正字。	十一月除秘書省正字，未赴棣州任。
宋徽宗建中靖國元年	辛亥	一一〇一	50	秘書省正字。	十一月二十三日罹疾，十二月二十九日卒。

蓋師道宦途多舛的原因有下列三點：⑴不應科舉，自絕宦途。在宋代，科舉考試是通往仕宦的唯一途徑，上自公卿大臣，下至地方官吏，都由科舉產生，非科第而欲躋身官府，談何容易！因此，不論農村子弟或白屋書生，皆兢兢業業，爲的就是博取一舉成名天下知的榮譽。師道並非無進取之心，他不應科舉，乃心非王氏新學，不願隨俗俯仰，而自絕宦途。不過，在他晚年窮困潦倒時，也曾後悔過，他於紹聖元年送伯兄師黯赴吏部改官時有感而作了一首詩云：「先子初增秩，年侵鬢已皤。念兄今善繼，此別喜何如。親老家仍困，門衰仕未多。猶須教兒子，早要中文科。」㉑⑵恥於阿諛、鑽營。《宋史》本傳云：「（陳師道）初游京師，踰年未嘗一至貴人之門。」可見師道的個性，拘謹傲兀，不喜奉承，不喜鑽營，不上貴人之門，非其友不交，如章惇爲相時，曾致意師道往謁，而師道素惡其人，終不往，這也是他自堵求官之途的原因。⑶政局動盪不安，受舊派友人的牽連。於神宗、哲宗、徽宗三朝，新舊黨爭劇烈，官吏隨著新舊黨派勢力的消長而浮沉，尤其是章惇爲相的六年餘期間，對元祐舊派黨人備極迫害，師道友人二蘇、黃庭堅、秦觀、晁補之、張耒、張舜民諸人都被列入「元祐黨籍碑」而遭貶謫。師道因官位低微，雖無直接遭受迫害，但他是曾鞏的門人，曾氏一家皆爲守舊派，師道多少會遭受牽連。丁憂後閒廢多年，蓋亦受舊黨失勢的影響。

二 《後山詩話》辨正

陳師道的詩論，見於所著的《後山詩話》、《後山談叢》，與所寫的詩篇之中。其中以《後山詩話》與有關詩篇論詩之語最多，是分析陳師道的詩觀最基本與最重要的資料。但後世論者，有以《後山詩話》非師道所作，而是後人竊其名而杜撰者，因此，分析陳師道的詩論之前，必須先確定《後山詩話》是否是陳師道的作品。

南宋陸游曾表示懷疑《後山詩話》爲師道所作，其〈跋後山居士詩話〉云：「《談叢》、《詩話》皆可疑。《談叢》尚恐少時所作，《詩話》決非也。意者後山嘗有詩話而亡之，妄人竊其名爲此書耳。」㉒唯只是表示懷疑而已。既沒有具體證據說明「後山嘗有詩話而亡之」，也沒有論據證實「妄人竊其名爲此書」。陳振孫《直齋書錄解題》云：「《談叢》、《詩話》，或謂非後山作。」㉓所說尤簡單，也沒有提出論據進一步說明，至元方回的〈讀後山詩話跋〉㉔始舉出比較具體的論據，他所持的理由有四：

⑴詩話所列師道所改之〈太祖日詩〉中的聯句，淺露委弱，不似師道詩勁峭孤跋的風格，因此，《後山詩話》並非師道所作：「《後山詩話》……第一段改〈太祖日詩〉云：『方離海底千山黑，纔到天中萬國明』，不如眞本自然壯浪。此聯淺露委弱，後山詩勁峭孤跋，不爲此等語，亦不喜此等語也。」

⑵詩話中有「今黃亞夫」之語，師道在世時亞夫已逝，師道不識其人，因此，《後山詩話》非師道所作：「（《詩話》）內一段云：『唐人不學杜詩，惟唐彥謙與今黃亞夫庶、謝師厚景初學之。』回謂山谷少孤，後山皇祐五年癸巳生，少山谷八歲，必不識其父，此乃稱為『今黃亞夫』，非後山語也。」

⑶以師道對山谷詩的評語，非師道語，因此，《後山詩話》並非陳氏所作：「（《詩話》）又一段舉山谷〈買魚穿柳聘啣蟬〉詩下云：『雖滑稽而有味，千載而下，讀者如新。』非後山語也。此殆好事者托名為之。」

⑷以詩話中師道評詩之見與其詩相左，而認為《後山詩話》並非師道所作：「其評吳僧〈白塔院詩〉，謂『到江吳地盡，隔岸越山多。』為分堠界子語，然《后山集》〈錢塘寓居〉詩有云：『聲音隨地改，吳越到江分。』回故云此詩話非後山所為。」

方回所持各點理由，極為薄弱，實不足以證明《後山詩話》並非後山所作。茲就以上各點辯駁如下：

⑴方回以師道所改〈太祖日詩〉中聯句淺露委弱，不似師道之勁峭孤跋，然師道詩中亦有淺露鄙俗者，如〈別劉郎〉詩，紀昀嘗批云：「不免太露吃力之痕。」㉕又如〈病中六首〉中之前兩首，紀昀亦嘗批云：「（第一首）次句鄙，三四俗格，竟不似後山之筆。」「（第二首）三句太率易，近香山。」㉖如果依據方回的理由，這些「太露吃力之痕」、「句鄙」、「俗格」、

「太率易」的作品，由於「不似後山之筆」、「不似後山詩之勁峭孤跋」，都不能列爲師道的作品了。

(2)方氏以詩話中有「今黃亞夫」之語，而師道不識其人而認定詩話非陳氏所作，此理亦難成立。黃亞夫與陳師道時代相距不遠，亞夫下世時師道已六歲，假設《後山詩話》爲師道晚年作品，則相距最多僅四十餘年，雖師道不識其人，但稱「今黃亞夫」，沒有什麼不妥，以此而定《後山詩話》非陳氏所作，實難成立。

(3)以師道評山谷詩語，非師道語，而云《後山詩話》非陳氏作。由於方回並沒有具體說明該評語非師道語，實難令人接受，當然也無庸進一步置評。

(4)以《後山詩話》評詩之見與其詩有相左處，而認爲前者非陳氏作，亦難成立。此只能視爲陳氏評詩與其詩作在論點上有相左者，並不一定就能成爲《後山詩話》「非後山所爲」的理由。詩人寫詩，率爾漫興，其所感者常因其時、其地、其所接觸之人物事之不同而異，不能以其有矛盾處就直以其詩或其言並非其所爲。

比較有力指出《後山詩話》非陳氏所作之論據，是《四庫全書總目提要》。該書卷一百九十五集部詩文評類「後山詩話一卷」條云：「……今考其中於蘇軾、黃庭堅、秦觀俱有不滿之詞，殊不類師道語。且謂蘇軾詞如教坊雷大使舞，極天下之工，而終非本色，案蔡絛《鐵圍山叢談》稱雷萬卿宣和中以善舞隸教坊，軾卒於建中靖國元年六月，師卒於是年十一月，安能預知宣和中有雷大使，借爲譬況？其出於依託，不問可知矣。至謂陶潛之詩切於事情而不文，謂韓愈〈元和聖德詩〉於集中爲最下，而裴說〈寄邊衣〉一首詩格柔靡，殆類小詞，乃極稱之，尤爲未允。其以王建〈望夫石〉詩爲顧況作，亦間有舛誤。疑南渡後舊稿散佚，好事者以意補之耶？」㉗我認爲論據比較有力的「謂蘇軾詞如教坊雷大使舞」一則。設若雷大使就是蔡條所言之宣和雷萬卿，那麼此則爲後人所改不成疑問，問題是蔡氏只云雷萬卿善舞隸教坊，而不云雷大使，而師道時期善舞教坊者，是與雷萬卿同姓之另一姓雷者，亦有可能，因此以此而定《後山詩話》非師道所作，仍不能令人信服。至若所云《詩話》於蘇軾、黃庭堅、秦觀俱有不滿之詞，並不奇怪。陳氏於杜甫、韓愈，猶評爲以詩爲文，以文爲詩，於同時代或較前之文人，有不滿之論，理所當然。倘若此不滿之詞爲後人所加，當係對蘇、黃、秦有異議者，所發言論，將不只是「不滿」而已。書中所評陶潛、韓愈詩欠公，則只表示該書作者不同意陳氏對上述詩人之評價罷了，不能以此而云《後山詩話》非陳氏之作品。

郭紹虞《中國文學批評史》云：「考《後山集》二十卷，爲其門人彭城魏衍所編。衍記《詩話》《談叢》各自爲集，而今本皆入集中，則非魏氏手錄之舊可知。《四庫總目提要》據陸游《老學菴筆記》㉘定爲出於依託，所見亦是。然魏衍既言《詩話》《談叢》各自成集，則後山之有是二書，自無可疑。今本所傳，亦未必全出好事者以意補之。或後山原有此著，未及成書，後人編次，遂不免有所增益耳。」㉙案：郭說：「魏衍既言《詩話》《談叢》各自成集，則後山之有是二書，自無可疑」，所說甚是，然郭云：「或後山原有此著，未及成書，後人編次，遂不免有所增益耳」，乃臆測之辭，未敢苟同。釋惠洪《冷齋夜話》曾記載沈存中、呂惠卿等人有關於《詩話》所云之韓詩乃有韻之文之辯㉚，陳善亦有「韓以文爲詩，杜以詩爲文，世傳以爲戲」㉛之語，沈、呂、釋惠洪、陳善等人，去陳師道不遠，而可能已見《後山詩話》，則《詩話》成書，亦不會太遲，後人編次而有所增益不大。即使眞的有所增益，我們亦希望學者能提出具體的證據。一味揣測，或只憑一己之見而看到《詩話》論點有不合者，而以之批評《詩話》非師道所作，我們寧可接受該書爲陳氏的作品。

三　陳師道之詩論

前曾言及，《後山談叢》、《後山詩話》與師道詩作之有關論詩之語者，是了解後山詩論的資料，除此之外，師道詩觀亦見引於宋人之詩話中，這些資料，也是論析陳氏詩論所需據有者。以下將一一分析陳氏之詩觀：

(一)論詩的發生

中國詩論一向關心詩之何以發生的問題，〈毛詩關雎序〉云：「在心爲志，發言爲詩。情動於中而形於言。」㉜但只是言及情動言形，並沒有說明情何以會動。至陸機言：「遵四時以歎逝，瞻萬物而思紛；悲落葉於勁秋，喜柔條於芳春。」㉝以詩情之發生受四時之變換與景色之體貌所影響。這也是鍾嶸〈詩品序〉的「氣之動物，物之感人，故搖盪性靈，形諸舞詠。」與「若乃春花春鳥，秋月秋蟬，夏雲暑雨，冬月祁寒，斯四時之感諸詩者也。」㉞之所本。故劉勰《文心雕龍》〈明詩〉篇云：「人稟七情，應物斯感，感物吟志，莫非自然。」而該書〈物色〉篇對物與情與詩之關係，更有具體的析論。

陳師道顯然也見及詩之發生與外在景物的招引有密切的關係。所以〈次韻何子溫祈晴〉詩云：「畜縮濤波復二川，奪目光華開秀句。」又〈送歐陽叔弼知蔡州〉詩云：「梅柳作新詩興動，可令千里不同風。」然而，詩興之動，有時不是由於面對的景物，而是內心詩作情思澎漲外露的結果，所以在言及「興之來」時，又云：「疾置送詩驚老醜，坐曹得句自清新。興來不假江山助，目過渾如草木春。」㉟看似與上說之詩之興乃物之招引有矛盾，其實不然。師道言興之來，顯然有兩個層次，一個層次是面對景物，性靈爲之激蕩，於是有詩；另一個層次是平日已飽蘊江山景物之助，但在寫詩時，情思雜遝而來，若不假物，其實平日飽蘊之景物，已在其中發酵矣。

(二)論詩的特質

師道見及：詩這一文體，與其他體製不同，雖然他不像南宋的嚴羽，直接指出：「夫詩有別裁，非關書也；詩有別趣，非關理也。」㊱但其意旨，實有共同之處，這由他批評韓愈以文為詩與蘇軾以詩為詞可知。《後山詩話》云：「退之以文為詩，子瞻以詩為詞，如教坊雷大使舞，雖極天下之工，要非本色。」㊲也引黃山谷之言評韓愈以文為詩與杜甫以詩為文云：「詩文各有體，韓以文為詩，杜以詩為文，故不工爾。」㊳以「退之以文為詩，子瞻以詩為詞」非本色，即言詩、詞各有體，即如「韓以文為詩，杜以詩為文」一樣，因為「詩文各有體」之故。

他認為：由於詩、文、詞各有體，都應按其體之特質以創作，不能混淆，混淆則所寫的作品必「不工」。基於這點，他甚而譏刺韓愈以文為詩之變體詩云：「退之於詩，本無解處，以才高而好耳。」㊴以及引秦觀語批評以文為詩而作之〈元和聖德詩〉云：「元和聖德詩於韓文為下，與淮西碑如出兩手，蓋其少作也。」㊵可見及他主張詩文各有體，不能混淆創作的論點。只是他對所謂詩的特質是甚麼，並沒有具體的說明，因此無法更進一步了解他的看法。但是他的「詩文各有體」說，已開嚴羽詩有別裁別趣說的先聲，而在楊慎與王夫之的詩論中，又有進一步的發展。楊慎《升菴詩話》云：「……夫六經各有體也，《易》以道陰陽，《書》以道政事，《詩》以道性情，《春秋》以道名分。……若詩者，其體其旨，與《易》、《書》、《春秋》判然矣。……如詩可兼史，則《尚書》、《春秋》可以併省。」㊶王夫之評徐渭〈嚴先生詞〉亦云：「《詩》以道性情，道性之情也。性中儘有天德、王道、事功、節義、禮樂、文章，卻分派與《易》、《書》、《禮》、《春秋》去，彼不能代《詩》而言性之情，《詩》亦不能代彼也。」

㊷又云：「夫詩不可以史爲，若口與目之不相爲代也，久矣。」㊸可以知道師道「詩文各有體」說對於後代詩論的影響。

他的「韓愈以文爲詩，杜甫以詩爲文」說亦引起後世的紛紜討論。同意他的看法的，如清王士禎《池北偶談》云：「韓退之詩似論，蘇子瞻詞似詩，昔人謂如教坊雷大使舞，終非本色，正此意也。」論者甚而譏韓詩爲「有韻之文」，宋魏泰《臨漢隱居詩話》引沈存中語云：「韓退之詩，乃押韻之文耳，雖健美富瞻，而格不近詩。」㊹反對他的看法的，如陳善《捫蝨新語》云：「韓以文爲詩，杜以詩爲文，世傳以爲戲。然文中要自有詩，詩中要自有文，亦相生法也。文中有詩則句語精確；詩中有文，則詞調流暢。謝玄暉曰：『好詩圓美流暢如彈丸。』此謂詩中有文也。唐子西曰：『古人雖不用偶儷，而散句之中暗有聲調，步驟馳騁，亦有節奏。』此所謂文有詩也。……世之議者，遂謂子美於韻語不堪讀，而以退之詩但爲押韻文者，是果足爲韓、杜病乎？文中有詩，詩中有文，當有知者領予此語。」但都是由韓詩杜文來討論師道此語，而不是由師道的詩觀以論此說之意旨。

㈢論才與學

詩有其體，但並非就其體亦步亦趨寫作，即成好詩；詩人因外物觸感而起興，但並非一有興，將之寫下即成好詩。師道認爲：好詩之寫竟，亦在於詩人之才。〈顏長道詩序〉云：「待萬物而後才者，猶常才也。若自得於心，不借美於外，無視聽之助，而盡萬物之變者，其天下之奇乎！」因外物觸感起興，人人皆能；但能「自得於心，不借美於外，無視聽之助，而盡萬物之變者」，又有多少人。師道之重詩才，由此可見。所以他見秦觀才大，而有「難爲弟」與「僕終不近」之歎。〈次韻答少章〉詩云：「秦郎淮海士，才大難爲弟。」又〈答李端叔書〉云：「少游之文過僕數等；其詩與楚詞，僕願學焉；若其傑才偉行，聽遠察微，僕終不近也。」因此他甚讚才氣極高的作品，如讚賞晁無咎之作云：「愛子千篇頃刻成，借將胸腹詑吾人。」（〈次韻寄答晁無咎〉）相反的，對於無才而強學自恃的作者，則加詆譏。如評後人之學韓、陶云：「……無韓之才與陶之妙，而學其詩，終爲樂天爾。」㊺有才之士，方能靈悟，這是常人所不能及的，所以〈次韻答秦少章〉詩云：「學詩如學仙，時至骨自換，縹緲鴻鵠上，衆目焉能玩？」「骨自換」即爲靈悟，而這是學仙的結果，是才的表現，非「衆目」所能具。就其他創作，如書法而言，作者能有靈悟，則可妙在心手。《談叢》云：「善書不擇紙筆，妙在心手，不在物也。……物豈能與人巧，乃自悟之因爾。」就詩作而言，則能神吐妙語。〈次韻蘇公勸酒與詩〉云：「五士三不同，煩公以詩訴。強酒古所辭，妙語神其吐。」則能暢寫胸中之妙。《後山詩話》述陶淵明詩之特色云：「淵明不爲詩，寫胸中之妙耳。」則能將「胸」「筆」之距離扯近，甚至渾融爲一，使筆下源源抒盡胸中事。〈送蘇迨〉詩云：「胸中歷歷著千年，筆下源源赴百川。」所以他注重詩在妙抒胸中事，而這並非力學所可達致。《後山詩話》云：「故謂詩非力學可致，正須胸中泄爾。」

然而，這是不是就表示師道反對學呢？不，並不。前引之〈次韻答秦少章〉詩云：「學詩如學仙，時至骨自換。」可見他還是主張「學」的。《後山詩話》甚至勸學者以杜甫爲師，「學詩當以子美爲師，有規矩故可學。」他本身也自言師法黃庭堅，〈答秦覯書〉云：「僕於詩，初無師法，然少好之，老而不厭，數以千計；及一見黃豫章，盡焚其稿而學焉。」也稱讚王維、韋應物之善學陶淵明詩，《後山詩話》云：「右丞蘇州，皆學於陶王，得其自在。」他甚而主張「飽參」，廣泛吸取多方面的滋養，〈答顏生〉詩云：「世間公器無多取，向裏宗風卻飽參。」

但是爲什麼又說：「詩非力學可致」呢？關鍵在一「力」字。「力學」有囫圇吞棗或不得其法的強學之意，其終將與詩趣越距越遠。師道在學詩的問題上，並不反對學，但反對不得其法的強學，而且認爲學詩有法門，能由此法門學詩，時至自有悟，時至骨自換，但什麼是「骨自換」，骨自換後是否能保證所有詩作皆成佳篇，師道沒有回答這個問題，但由〈庚辰三月上旬登白門閑望〉詩所云「人言詩有神」，可以推知他也是認爲這並非詩人所能操縱與把握的，所以《後山詩話》云：「詩欲其好，則不能好矣。」即使大家，亦有此失，故同書亦舉「王介甫以工，蘇子瞻以新，黃魯直以奇」之例作爲「詩欲其好，則不能好」的例子。

因此陳師道之所以強調「才」在詩歌創作上的作用是可以理解的，「才」是學詩之是否能骨自換的關鍵，也是詩人能否寫出佳作的關鍵。所以他常有「老來才盡」、「老覺才疏」的慨歎，

〈和黃充小雪〉詩云：「老來才盡無新語，只欲煩君急手揮。」又〈寄豫章公三首〉之三云：「老覺才疎渾不稱，自攜雲月瀉潺湲。」

以上是師道對詩的才與學之關係的看法。

(四)論自然與工巧

上一節提及：陳師道主張學詩作詩應掌握孔竅，令其自然見妙，「學詩如學仙，時至骨自換」，就表露了這種看法；他反對不得其法的強學故作，所言「詩欲其好，則不能好矣」，就體現了這種意見。

師道談及詩之奇，常有正反的意見，如《後山詩話》云：「魯直晚年詩傷奇。」又云：「魯直，……過於出奇。」又云：「詩欲其好，則不能好矣。……黃魯直以奇。」皆不滿黃庭堅詩之奇。但〈贈秦覯二首〉之二云：「文章從古不同時，詩語驚人筆益奇。」讚秦覯詩筆奇。其稱道顏長道詩之奇，〈顏長道詩序〉則云：「羅絡隱遯，穿穴險怪，遇事以發憤，因難而見奇。」

用及工字，亦是如此，《後山詩話》云：「詩欲其好，則不能好矣。王介甫以工……。」又云：「楊文公刀筆豪贍，體亦多變，而不脫唐末與五代之氣。又喜用古語，以切對爲工，乃進士賦體爾。」皆不滿詩之「工」。但師道讚賞劉夢得、黃庭堅的一些詩句，卻又稱許它們爲工，如《後山詩話》讚揚劉夢得的詩句云：「望夫石在處有之。古今詩人，共用一律，惟劉夢得云：

『望來已是幾千歲，只似當年初望時。』語雖拙而意工。」又讚黃庭堅的詩云：「黃詩韓文，有意故有工。」尤讚許杜甫詩語工，其例甚多，如《後山詩話》云：「王摩詰云：『九天閶闔開宮殿，萬國衣冠拜冕旒。』子美取作五字云：『閶闔開黃道，衣冠拜紫宸。』而語益工。」又云：「老杜云：『秋月解傷神』，語簡而益工也。」

可知陳師道之「奇」與「工」，有兩個不同層面的意思。一是他所肯定的自然表達具有高度藝術技巧的風格（奇）或成就（工），另一個是他所不滿的刻意經營的藝術手法。有關這一點，在《後山詩話》評揚雄文章有清楚的說明：「揚子雲之文，好奇而卒不能奇也，故思苦而詞艱。善爲文者，因事以出奇，江河之行，順下而已。……子雲惟好奇，故不能奇也。」「揚子雲之文好奇」與「子雲惟好奇」之「奇」字，即爲他所不滿之「奇」；「因事以出奇」與「故不能奇也」之「奇」字，即爲他所肯定之「奇」。《後山詩話》又云：「唐人不學杜詩，惟唐彥謙與今黃亞夫庶、謝師厚景初學之。魯直，黃之子，謝之婿也。其於二父，猶子美之於審言也。然過於出奇，不如杜之遇物而奇也。三江五湖，平漫千里，因風石奇爾。」「過於出奇」之「奇」字。即爲他所不滿之「奇」；「遇物而奇也」的「奇」字，是他所肯定之「奇」。

這二個「奇」字的不同看法，就是陳師道主張詩的創作宜自然與反對詩的寫作強求、刻意經營的區分。師道重視自然表露，遇事而成，因事而出的奇。他以江河之水流動，來比喻這種情思表露的情況以及所形成的壯觀，《後山詩話》評揚雄文語中亦云：「善爲文者，因事以出奇，江河之行，順下而已。至其觸山赴谷，風博物激，然後盡天下之變。」所以詩風有如江河的作品，他就加以稱讚，如楊愼《升菴詩話》引《後山詩話》語云：「鮑明遠〈行路難〉壯麗豪放，若決江河，詩中不可比擬，大似賈誼〈過秦論〉。」詩人情思能如流水，源源順暢流出，他也加以表揚，〈送蘇迨〉詩云：「胸中歷歷著千年，筆下源源赴百川。」李白詩作，天然神力，非人力可爲，就給予極高的評價，《後山詩話》引黃庭堅語云：「余評李白詩，如張樂於洞庭之野，無首無尾，不主故常，非墨工槧人所可擬議。吾友黃介讀李杜優劣論曰：『論文正不當如此。』余以爲知言。」寫詩者若因乎天理，順其自然，心得其妙，則又何必在乎詩的工拙，所以〈仁宗御書後序〉云：「會理而忘法，故工拙偏正不足論也。」

以上是師道對學詩作詩的自然工巧的看法。

㈤論繼承與創新

本節就第三節言陳師道主才而不廢學，在評及前代詩人時，他常常觀察他們如何繼續前人的精華，如《後山詩話》云：「右丞蘇州，皆學於陶王，得其自在。」又評杜甫詩法引黃庭堅語云：「杜之詩法出審言，句法出庾信。」評參寥詩云：「早作步兵語，晚參雲門禪。」（〈寄參寥〉）而且他嘗引梅堯臣語，主張繼承前人時，亦應有所突破，這就是他所說的「以故爲新」，《後山詩話》云：「閩士有好詩者，不用陳語常談。寫投梅聖兪，答書曰：『子詩誠工，但未能以故為新，以俗為雅爾。』」因此他非常強調詩人「以故為新」的手法的運用，並加以置評，評黃庭堅詞在文字上如何繼承韓愈而有所創新時，《後山詩話》則云：「黃詞云：『斷送一生惟有，破除萬事無過。』蓋韓詩有云：『斷送一生惟有酒，破除萬事無過酒。』才去一字，遂為切對，而語益峻。」而師道之詩作，亦常取用「以故為新」之法，後代詩話常加指出，葛立方《韻語陽秋》云：「……客有為余言後山詩，其要在於點化杜甫語爾。杜云『昨夜月同行』，後山則云『勤勤有月與同歸』。杜云『林昏罷幽磬』，後山則云『林昏出幽磬』。……如此類甚多，豈非點化老杜之語而成者？余謂不然。後山詩格律高古，直所謂『碌碌盆盎中，見此古罍洗』者。用語相同，乃是讀少陵詩熟不覺在其筆下，又何足以病公。」㊻「以故為新」法猶如黃庭堅所提出的「奪胎換骨」與「點鐵成金」法，這曾在中國舊詩論界引起爭論，這裡不擬多談。不過，由這裡可以見及陳師道要求繼承前人開闢新路的殷切。人們常以仿古詆師道，實際上師道的更多論詩文字，在主張詩的創作應立新。「新」這一字，在他論詩的寫作時，常常出現，如「百篇出篋自新得，一鉢隨身依舊貧。」（〈謝贇闍梨見訪〉）又如「成家舊學諸儒問，脫手新詩萬口傳。」（〈寄提刑李學士〉）有時則用「清新」或「新清」之詞，如「疾置送詩驚老醜，坐曹得句自清新。」（〈寄杜擇之〉）又如「萬里歸來髮如漆，了知句法更新清。」（〈送王定國通判河南〉）

由上可知師道對「新」的重視。在創作的突破上無所建樹，他也自表為憾，如「老來才盡無新語，只欲煩君急手揮。」（〈和黃充小雪〉）所以詩人在創新上不如前人，他也不客氣地指出，如《後山詩話》引黃庭堅語云：「……白樂天云『笙歌歸院落，燈火下樓臺』，不如杜子美云『落花遊絲白日靜，鳴鳩乳燕青春深』也。」他所說的「以故爲新」之不善者，莫如對楊億的批評，《後山詩話》云：「楊文公……喜用古語，以切對爲工，乃進士賦體爾。」所以繼承前人亦應小心，他甚至指出：大詩人如蘇軾，其學前人亦有得失之處，胡仔《苕溪漁隱叢話》引《後山詩話》云：「蘇詩始學劉禹錫，故多怨刺，學不可不愼也。晚學太白，至其得意，則似之矣。然失於粗，以其得之易也。」

㈥論詩之寫作

以上五則是陳師道對詩的一般原理的問題之看法，以下將進一步分析他對詩之創作的具體見解，張表臣《珊瑚鉤詩話》載：「陳無己先生語余曰：『今人愛杜甫詩，一句之內，至竊取數字以髣像之，非善學者。學詩之要，在乎立格命意用字而已。』余曰：『如何等是？』曰：『冬日謁玄元皇帝廟詩，敘述功德，反復外意，事核而理長，閬中歌，辭致峭麗，語脈新奇，句清而體好，茲非立格之妙乎？江漢詩，言乾坤之大，腐儒無所寄其身，縛雞行，言雞蟲得失，不如兩忘而寓於道，茲非命意之深乎？』贈蔡希魯詩云『身輕一鳥過』，力在一過字，徐步詩云『蕊粉上蜂鬚』，功在一上字，茲非用字之精乎？學者體其格，高其意，鍊其字，則自然有合矣。何必規規然髣像之乎！」㊼

立格之妙者，舉〈冬日洛城北謁玄元皇帝廟〉詩，以其敘述反復外意，事核理長；舉〈閬中歌〉，以其辭致峭麗，語脈新奇，句清而體好。揆之師道其他論詩文字，亦曾言及新、奇、清、健者，前文已曾敘及新、奇及清，此僅析「健」。健即「峭麗」。方回即曾以後山詩「勁峭孤跋」，紀昀批後山「鉅野泊觸事」亦以該詩峭健。師道顯然認爲詩而能健則能有創新，如〈和和叟第課還自都下〉詩云：「相見可堪懷抱冷，而君健語破樊籠。」能健則能筆力千鈞，故〈送王君玉赴試〉詩云：「談鋒堅百戰，筆力舉千鈞。」能健則能壯，如評鮑照〈行路難〉，楊愼《升菴詩話》引師道語云：「鮑明遠〈行路難〉，壯麗豪放，若決江河，詩中不可比擬，大似賈誼〈過秦論〉。」這些都是師道所力加讚揚的。

「意」字在師道其他有關論詩的文字中並不多見，《後山詩話》云：「黃詩韓文，有意故有工。」此「意」應與「命意」之「意」相同，師道以黃庭堅詩、韓愈文善於命意，所以能取得較高的藝術成就。又云：「杜云：『白鳥去邊明』，語少而意廣。」此「意」字當指意境。至若同書言王安石暮年詩用意益苦，則有不滿之義了。

用字之精則舉杜詩句中之某一字專加以敘述，此即黃庭堅所謂「句中有眼」，亦即范溫所說的「詩眼」。師道本人亦曾云：「句中有眼黃別駕，洗滌煩熱生清涼。」（〈答魏衍黃預勉余作詩〉）「句中有眼」是指使該詩句生動的關鍵字，宋人亦稱「響字」。有些論者更以五言詩句的第三字，七言詩句的第五字爲句眼所在，這和陳師道所舉的其中一例相同：「蕊粉上蜂鬚」，功在一上字。但另一句例，則鍊字之精在詩句的第五字，「身輕一鳥過」的「過」字，可知師道並不主張句眼在五字句的第三字，七言句的第五字之說的。師道垂鍊字句，論詩文字中常有「句妙」、「秀句」、「佳句」等評語，如「論勝已絕倒，句妙方愁予。」（〈次韻蘇公題歐陽叔弼息齋〉）又「官事酣歌裡，湖山秀句中。」（〈送張衡山〉）又「明朝詩成公亦去，長使詩仙誦佳句。」（〈次韻蘇公蠟梅〉）

除了上述之立格、命意、鍊字等寫作要求之外，師道亦對取用俗語入詩提出他的意見。他曾舉出時人用俗語入詩之例云：「某守與客行林下，曰：『柏花十字裂。』願客對。其倅晚食菱，方得對曰：『菱角兩頭尖。』皆俗諺全語也。」[48]又云：「熙寧初，有人自常調上書，迎合宰相意，遂丞御史。蘇長公戲之曰：『有甚意頭求富貴，沒些巴邊使姦邪。』有甚意頭、沒些巴邊，皆俗語也。」[49]師道不反對以俗語入詩，他引梅堯臣語云：「閩士有好詩者，……但未能以故為新，以俗為雅爾。」[50]所以師道自己亦多用時人常談之俗語入詩，莊季裕《雞肋編》云：「杜少陵〈新婚別〉云：『雞狗亦得將。』世謂諺曰『嫁得雞，逐雞飛；嫁得狗，逐狗走』之語也。而陳無己詩亦多用一時俚語，如『昔日剜瘡今補肉』、『百孔千窗容一罅』……皆俗語。」[51]此外，他對詩的寫作要求，《後山詩話》云：「寧拙毋巧，寧樸毋華，寧粗毋弱，寧僻毋俗，詩文皆然。」「寧樸毋華」、「寧粗毋弱」、「寧僻毋俗」三項，由於在師道其他論詩文字中不能找到相關的資料，不能作進一步的分析，具列於此，僅備參考。

結　語

陳師道持己嚴謹，高介有節，不群於流俗；淡泊功名，不求仕進，安貧守道。惟於其父去世後，爲生活所迫，而走上宦途；又因局勢動盪，受舊派友人牽連，於丁母憂後，閒廢多年，饔飧不繼，以致一家靠岳父生活。元符三年，雖再見用，然僅在官年餘，卻因拒穿趙挺之衣裘，感寒得疾而卒，家貧無以殮，由友人鄒浩買棺殮之，其境遇之悽慘，鮮有能與之相比者。然而，其高潔之行誼，至其身後，爲世人所稱頌。

陳師道人格崇高，以孝悌忠信聞於鄉里，待友誠摯，故知音至友甚多，其中以蘇軾及蘇門諸師友知之最深，關懷最切，軾曾以「文行」薦之，而得徐州教授之職，〈薦布衣陳師道狀〉云：「……右臣等伏見徐州布衣陳師道，文詞高古，度越流輩，安貧守道，若將終身。苟非其人，義不往見。過壯未仕，實爲遺才。欲望聖慈，特賜錄用，以奬士類。」52其特立高潔之行誼，於此可見。

師道之詩論，散見《後山詩話》、《後山集》，其詩文以及後代詩話之引述中，論詩文字，散亂蕪雜，也缺乏比較完整的系統，可以從其論詩文字整理而得的比較有系統的論見的是他論詩的發生、論才與學、論自然與工巧以及論繼承與創新等意見。然而有些意見，並非己出，而是引自他人的；其中一些更不標明所引的出處，但師道加以徵引，我們至少可以肯定他是同意這些看法並加轉述的，分析中也把它們當作是師道的意見來處理。也有一些意見，與其實際創作行為有矛盾，如張表臣《珊瑚鉤詩話》引師道評「今人愛杜甫詩，一句之內，至竊取數字以髣像之，非善學者。」而他在「以故為新」的理論基礎上，亦曾點化杜甫詩句，更換數字而成為自己的作品，這點在文中曾引葛立方《韻語陽秋》說明，這種作為即是「竊取數字以髣像之」的作法，與詩論是有矛盾的。

然而，師道的詩論，時有灼見，可惜的是他並未充分在這方面發揮。張健先生在〈陳師道的文學研究〉一文云：「在他有生之年，若能用工力於此，很有成為大批評家的可能。」[53]誠然。

註

① 見《原詩》卷一〈內篇〉上。《清詩話》本，王夫之等撰，丁福保編。明倫出版社。

② 見錢謙益〈答唐訓導汝諤論學書〉，收入《初學集》卷七九，《四部叢刊初編》本。

③ 見龔鵬程《江西詩社宗派研究》頁一〇六至一一三。文史哲出版社。

④ 蘇舜欽語，見〈石曼卿集序〉，收入《蘇學士文集》卷一三。《四部叢刊初編》本。

⑤ 見蘇軾《東坡奏議》卷三〈薦布衣陳師道狀〉，收入《蘇東坡全集》，世界書局。

⑥ 讚許陳氏善學杜詩者，如敦誠《鷦鷯庵筆麈》（《四松堂集》卷五，上海文學書籍刊行社）以置陳氏「別三子」詩於少陵〈北征〉詩中，讀者難以辨別等。

⑦ 讚陳詩味永有餘意者，如羅大經《鶴林玉露》（上海商務印書館排印本）云：「韓文公作歐陽詹哀詞云：『詹，閩人也。父母老矣，捨朝夕之養，以來京師，其心將以有所得於是而歸，爲父母榮也。雖其父母之心亦然。詹在側，雖無離憂，其志樂也。』山谷送秦少章從蘇公學云：『斑衣兒啼眞目樂，從師學道也不惡。但使新年勝故年，即如常在郎罷前。』後山云：『士有從師樂，諸兒却不知。欲行天下獨，信有俗間疑。秋入川原秀，風連鼓角悲。目前豚犬類，未必慰親思。』三詩皆用韓意，而後山之謂永」等。

⑧ 讚陳詩詩風淡雅者，如陳衍《石遺室詩話》（上海商務印書館一九二九年排印本）卷二三云：「詩貴風骨，然亦要色澤，但非尋常脂粉耳。……王右丞，金碧樓臺山水也；陳後山，淡淡靛青韡頭耳。」讚其自然者，如吳聿《觀林詩話》（守山閣叢書本）云：「東坡和辛字韻，至『搗殘椒桂有餘辛』，因意愈工，出人意外，然陳無己『十里塵沈不受辛』，亦自然也。」讚其有深意者，如周密《浩然齋雅談》（武英殿聚珍版叢書本）卷中云：「後山：『仰看一鳥過，虛負百年身。』極有深意」等。

⑨ 見〈陳師道的文學理論研究〉，收入《宋金四家文學研究》第三編。聯經出版事業公司。

⑩ 見敏澤《中國文學理論批評史》，北京人民文學出版社。

⑪ 見《後山詩話》，收入何文煥輯《歷代詩話》。漢京文化事業有限公司四部刊要本。

⑫ 見《滹南遺老集》卷三五。《四部叢刊初編》影印舊鈔本。

⑬ 舊說陳師道生於皇祐五年（一〇五三）、今據《後山集》（中華書局四部備要本，以下所引皆同）卷一三〈御書記〉陳氏的自述：「臣生於皇祐四年」，而改前一年，此《陳後山年譜》（鄭騫先生著，聯經出版

事業公司）已有考證。又，元豐四年，師道遊開封，晁補之有詩贈之，《雞肋集》（臺灣商務印書館四部叢刊影印明詩瘦閣仿宋本）卷一一〈答陳履常秀才謔贈〉詩：「男兒三十四方身，布衣不化京洛塵。」由此逆數三十年，恰好是「皇祐四年」，可作此說之旁證。

⑭〈忘歸亭記〉，見《後山集》卷一二。

⑮見《後山集》卷九〈答張文潛書〉。

⑯同上書卷一一〈送邢居實序〉。

⑰同註⑮。

⑱同註⑯。

⑲見《後山集》卷一〇。

⑳同上註。

㉑《後山集》卷四〈送伯兄赴吏部改官〉詩。

㉒見《渭南文集》卷二六。四部叢刊影印明華氏活字本。

㉓見《直齋書錄解題》卷一七，別集類中，「後山集一四卷，外集六卷，談叢六卷，理究一卷，詩話一卷，長短句一卷」條。清武英殿聚珍版叢書本。

㉔見《桐江集》卷三。上海商務印書館影印委宛別藏本。

㉕見方回《瀛奎律髓》卷二四送別類，紀昀批語。藝文印書館。

㉖ 同上書卷四四疾病類，紀昀批語。

㉗ 見紀昀等撰《四庫全書總目提要》卷一九五，詩文評類。漢京文化事業有限公司。

㉘ 《四庫全書總目提要》以陸游語載於《老學菴筆記》，實誤，乃載於《渭南文集》卷二六〈跋後山居士詩話〉文中。

㉙ 見郭書上卷第六篇第二章。明倫書局。

㉚ 見《冷齋夜話》卷二。稗海本，新興書局。

㉛ 見陳善《捫蝨新語》卷三。寶顏堂祕笈本。

㉜ 見《毛詩註疏》卷一之一，十三經註疏本。藝文印書館。

㉝ 見蕭統編《文選》卷一七〈文賦〉。漢京文化事業有限公司四部刊要本。

㉞ 見《詩品》，收入何文煥輯《歷代詩話》。

㉟ 見《後山集》卷六〈寄杜擇之〉詩。

㊱ 見《滄浪詩話》〈詩辯〉，收入《歷代詩話》。

㊲㊳㊴㊵ 同見《後山詩話》。

㊶ 見《升菴詩話》卷一一，收入丁福保輯《歷代詩話續編》。木鐸出版社。

㊷ 見《明詩評選》卷五，收入《船山遺書》。一九三三年上海太平洋書局。

㊸ 見王夫之《薑齋詩話》卷上，收入《清詩話》。

㊹胡仔《苕溪漁隱叢話》前集卷第一八韓吏部下引魏泰《臨漢隱居詩話》語。木鐸出版社。

㊺同註㊲。

㊻見葛立方《韻語陽秋》卷二。《歷史詩話》本。

㊼見張表臣《珊瑚鉤詩話》卷二。《歷代詩話》本。

㊽㊾㊿同註㉕。

51 見莊季裕《雞肋編》卷下。四部叢刊三編影印元鈔本。

52 見《東坡奏議》卷三，收入《蘇東坡全集》。

53 見《宋金四家文學批評研究》頁三〇五。

論黃山谷之詩禪

一、緒　言

宋詩繼唐詩極盛之後，為唐詩之光所掩，為唐人之影所罩，加以後人過於尊唐黜宋，宋人之詩集，遂抑而不行，清吳之振云：「自嘉隆以還，言詩家尊唐而黜宋，宋人集覆瓿糊壁，棄之若不克盡。故今日蒐購最難得，黜宋詩者曰腐，此未見宋詩也。……此病不在黜宋，而在尊唐，蓋所尊者，嘉隆後之所謂唐，而非唐宋人之唐也，唐非其唐，宋非其宋，以為腐也固宜。」①

自明前後七子標榜「文必秦漢，詩必盛唐」之後，雖有公安諸子之提倡，但宋詩仍未獲得應有之地位，至清康熙辛亥之歲，吳之振《宋詩鈔》出，宋詩方露曙光，清宋犖云：「明自嘉、隆以後，稱詩家皆諱言宋，至舉以相訾謷，故宋人詩集，庋閣不行。近二十年來，乃專尚宋詩。至余友吳孟舉（吳之振）《宋詩鈔》出，幾於家有其書矣。」②

宋承殘唐五代兵革之後，民生凋弊，經太祖、太宗兩朝之經營調養，百廢俱興，國家遂趨於統一與穩定，民族精神與氣象，又進入另一嶄新之局面，文學（尤其是詩詞）亦以新精神、新面目呈現於世，誠如吳之振所云：「宋人之詩，變化於唐，而出其所自得，皮毛落盡，而精神猶存。」③宋詩經過一段甚長之黑暗時期，被棄之如敝屣，由於吳之振之疾呼，始獲致應有之地位。其實，唐詩有唐詩之精神，宋詩有宋詩之面目，曰唐曰宋，其精神面目固各有別，不可相提並論而優劣之也。

宋詩脫離唐詩之桎梏，自樹一格，偏向內在發展，以議論為詩，以文字為詩，此為唐宋詩有別之處，杜松柏云：「夫喜為議論，必涉理路，則訴之於理性，而非動乎性情矣。涉於理路，必多使事，以見持論之有據，不必落言詮，以見其言之有理，則必為推理之韻文，而非訴於直覺，此之謂以文為詩也，此宋詩異於唐人之處。」④

竊以為宋詩之所以偏向內在發展，訴諸理性，其主要因素乃在於受禪宗興盛之影響，禪宗賦予宋詩諸多新生命之要素及新語彙。禪宗興起後，不僅禪僧以詩寓禪，而詩人則以禪入詩，詩人禪僧，交際往來，相互唱酬，故一部分宋詩頗似禪僧之偈頌，而禪僧之偈頌亦展現出清新飄逸，此為前所未有之現象。蓋有宋一代，受禪宗影響最大之詩人，當首推王介甫、蘇東坡、黃山谷。

黃山谷（一〇四五—一一〇五），名庭堅，字魯直，號山谷道人，洪州分寧（今江西修水）人。英宗治平四年（一〇六七）成進士，始登宦途，除汝州葉縣（今河南葉縣）尉。其一生，於宦海浮沉，不甚如意，亦因如此，反使其將全付精神投注於詩詞之創作上，在北宋詩壇上發出熠熠光輝，佔有一席舉足輕重之地位，與蘇東坡並稱蘇黃，垂其不朽影響於後世，爲後人所共尊，誠如周季俠所云：「唐之杜韓，宋之蘇黃，皆巨刃摩天手也，爲學者之正軌。」⑤

黃山谷有《豫章黃先生文集》傳世；其詩集分內、外、別集。南宋初年，任淵注內集，曰《山谷內集詩注》；南宋中葉，史容注外集，曰《山谷外集詩注》；史季溫注別集，曰《山谷別集詩注》，其中以任淵注之內集最爲精博，今此三集皆賴注本以傳世。

余深入探索山谷詩雋永有味之主因，乃在於以禪入詩，詩中有禪，故透過其生長之時代背景及其與禪友交際唱酬之情況，尋繹其禪學思想之淵源；並透過山谷之禪詩，以明其對釋典、禪典之素養。

二、黃山谷之禪友

山谷爲詩，喜用禪語，黃公渚云：「古人以禪語入詩，唐以前皆無此法，唐初，王右丞維，始以詩中參用禪理，然釋典中笨重之字句尚無采用，至宋王安石、蘇軾，始開其例，山谷尤甚⑥。蓋山谷熟悉釋典、禪典，尤深於禪語、禪理，考其原因，不外有二。其一：受宋代學術思潮之影響；其二：受禪友之影響。雖然山谷非佛教徒，亦非禪僧，但翻閱其文集，渠爲禪僧所寫之贊、頌、語錄序、記、碑銘碣等卻達數卷之多，其思想信仰不得不令人置疑。山谷之禪友頗衆，遍布禪林，幾爲當代有名之禪師，其中影響山谷較深者，爰舉五人，以見其與禪僧交接之深：

㈠晦堂祖心

祖心（一〇二五—一一〇〇），爲臨濟宗黃龍派，稱晦堂，南雄（廣東省）始興人，俗姓鄔氏，《宋詩紀事》作郭氏，黃龍慧南禪師之法嗣也。山谷與之可謂亦師亦友，影響山谷之禪學思想頗大，山谷亦自云祖心爲其「方外之師」。崇寧三年（一一〇四），山谷遭除籍編管宜州（今廣東宜山），過南嶽岣嶁峰法輪寺時，爲住持景齊禪師之請，重書古碑文，跋云：「法輪寺住持禪師景齊，來求予刊定，且乞書刊之。師，金陵蔣山中人，嘗入予方外之師晦堂心公之室，謂我爲同門。」⑦祖心個性溫和，不輕易發怒，山谷嘗作偈戲，渠亦僅大笑云：「豈可以般若戲論乎！」以開導山谷，山谷悔悟，對其益加仰慕⑧。

祖心入滅，山谷甚爲悲慟，爲其燒香膜拜，並作頌哀悼之云：「老師身今七十六，老師心亦七十六。夢中沉卻大法船，文殊（掌知慧之菩薩）頓足普賢（普濟衆生之菩薩）哭。」⑨由此可見，山谷與祖心感情之深厚。祖心之示寂，對山谷而言，誠可謂痛失「良師益友」也。

㈡圓通法秀

法秀（一〇二七—一〇九〇），爲雲門宗，秦州（甘肅省）隴城人，俗姓辛氏。待人嚴謹，面目冷峻，善於發怒，平生以罵爲佛事，故有「秀鐵面」之稱⑩。

山谷少時除爲詩外，間作樂府，喜用豔語，以使酒作樂，法秀見之，力加呵責，〈小山集序〉云：「余少時，間作樂府，以使酒玩世，道人法秀獨罪余以筆墨勸淫，於我法中，當下犂舌之獄。」⑪《禪林僧寶傳》亦載此事云：「黃庭堅魯直作豔語，人爭傳之。秀呵曰：翰墨之妙，甘施於此乎？魯直笑曰：又當置我於馬腹中邪？秀曰：汝以豔語動天下人淫心，不止馬腹，正恐生泥犂中耳！」⑫山谷受法秀呵責之後，對法秀亦敬亦畏，爲文作詩，遣詞造句均頗爲嚴謹，於中晚年之作品裏甚少出現豔語，此不可不謂法秀開導之功也。

(三)死心悟新

悟新（一〇四三—一一一四），爲臨濟宗黃龍派，韶州（廣東省）曲江人，俗姓黃氏，《補僧寶傳》作王氏，號死心叟，其禪房曰死心堂，蓋已悟道之意也。爲黃龍晦堂祖心之法嗣。生性好罵，此點與慧南、法秀相同，山谷之〈洪州分寧縣雲巖禪院經藏記〉云：「雍雍肅肅，觀者拱手。」⑬又〈黃龍心禪師塔銘〉記慧南禪師云：「南公道貌德威，極難親附，雖老於叢林者，見之汗下。」⑭蓋早期禪僧開悟僧徒以棒喝，僧徒見之，可敬可畏，故山谷題曰：「見之汗下」、「觀者拱手」，不無道理。

山谷旣稱祖心爲「方外之師」，而悟新與惟清爲晦堂祖心之法嗣，山谷與此二人可謂法侶也。崇寧三年（一一〇四），山谷赴宜州途中爲悟新作〈代書寄翠巖新禪師〉詩云：「苦憶新老人，是我法梁棟。」⑮由此可知，山谷與悟新非僅泛泛之交耳。其實，山谷與悟新之交往早於紹聖（一〇九四—一〇九七）年間即已開始。紹聖年間，山谷謫官黔南，曾有一書信〈與死心道人〉，感謝其往日常「苦口提撕」之事，茲錄一節如下：「往日常蒙苦口提撕，常如醉夢，依稀在光影中，今日昭然，明日昧然，蓋疑情不盡，命根不斷，故望涯而退耳。謫官黔州道中，晝臥覺來，忽然廓爾。尋思平生被天下老和尙謾了不少，惟死心道人不相背，乃第一慈悲。」⑯

(四)靈源惟淸

惟淸（?—一一一七），爲臨濟宗黃龍派，南州（江西省）武寧人，俗姓陳氏。初住靈源寺，自號靈源叟，後移黃龍寺，師事晦堂祖心，爲祖心法嗣，與悟新分坐法席，山谷云：「遙思靈源叟，分坐法席共。」⑰惟淸學養均佳，釋惠洪甚褒美之，云：「閒居十五年，天下禪學者知而親依之可也，公卿大夫何自而知，亦爭親近之乎？非雷非霆，而聲名常在人耳，何修而臻此哉？平生至誠惻怛于道而已。」⑱

崇寧元年（一一〇二），山谷歸洪州分寧，〈自巴陵，略平江，臨湘，入通城，無日不雨，至黃龍，奉謁淸禪師，繼而晚晴，邂逅禪客戴道純款語，作長句呈道純〉云：「山行十日雨霑衣，幕阜峰（即黃龍山之別峰）前對落暉。野水自添田水滿，晴鳩卻喚雨鳩歸。靈源大士人天眼，雙塔老師（指慧南與祖心禪師）諸佛機。白髮蒼顏重到此，問君還是昔人非。」⑲詩中稱惟清爲「靈源大士」，又美之曰「人天眼」；山谷與外甥徐師川（徐俯）書亦一再推崇惟清之人品：「平生所見士大夫人品，未有出此公之右者。」⑳

崇寧三年（一一〇四）中秋，山谷赴宜州道中，見天際之朗月，因思惟清，憶及昭默堂中之往事，遂握筆爲之賦詩三首：「萬山不隔中秋月，一雁能傳寄遠書。深密伽陁（讚美佛之歌）枯戰筆，眞誠相見問何如。」「風前橄欖星宿落，日下桄榔羽扇開。昭默堂中有相憶，清秋忽遣化人來。」「騎驢覓驢但可笑，非馬喻馬亦成痴。一天月色爲誰好，二老風流只自知。」㉑第一、二首寫思念之情，第三首寫二人之心境，頗富禪理。禪宗不立文字，主張以心傳心，明心見性，不向外馳求，若向外馳求則如山谷所云：「騎驢覓驢」之「可笑」，「非馬喻馬」之痴呆。「一天月色爲誰好」、「二老風流只自知」二句，喻山谷與惟清二老心境之光風霽月，唯有己心了悟耳。

(五)覺範德洪

覺範（一〇七一－一一二八），爲臨濟宗黃龍派，初名惠洪，江西筠州新昌人，俗姓喻氏，《佛祖通載》作俞氏，《嘉泰錄》作彭氏。其學問之淵博，爲宋代禪僧之冠，詩文俱佳，名震一世，被譽爲寂音尊者，主要著述有《禪林僧寶傳》三〇卷、《石門文字禪》三〇卷、《冷齋夜話》一〇卷、《高僧傳》十二卷、《林閒錄》二卷、《林閒後錄》等。

以年齡而言，比山谷年少二十六歲之多，他們之間亦常有交際往來，即「數面欣羊胛」也。崇寧三年（一一〇四），山谷赴宜州途中，暮過湘水，忽憶惠洪，賦詩一首以贈之，云：「數面欣羊胛，論詩喜雉膏。眼橫湘水暮，雲獻楚天高。隳我玉麈尾，乞君宮錦袍。月清放舟舫，萬里渺雲濤。」㉒

山谷之禪友，除上述五人外，其他有詩唱酬者尚有：惠南禪師（即江西老禪，號積翠菴清隱）、清隱寺正禪師、延恩長老法安、法王航禪師、法王化主景宗、滎州琴師祖元、法昌密老、禪僧戴道純、花光老、仁上座、昌上座、海首座、吳道士、戴道士、黃至明道士、平陰張澄居士、王朴居士、四休居士、李宗古居士、兪清老道人、朱方李道人、鄭交處士等禪僧、長老、道士、居士、道人、處士之類人物。山谷沐浴禪風，周旋禪友，賦詩作詞，交際唱酬，留給後世頗多禪詩。

三、黃山谷之禪詩

㈠禪典詩

自禪宗發達之後，禪語、禪典爲世人所知，爲世人所好，採之入詩，遂成宋詩之獨特風格，宋魏慶之云：「古人作詩，多用方言；今人作詩，復用禪語，蓋是厭塵舊而欲新好。」㉓魏氏以取禪入詩乃在於「厭塵舊」而「欲新好」。而清趙翼則以之爲「可厭」：「東坡旁通佛老，詩中有仿黃庭經者，如辨道歌、眞一酒歌等作，自成一格。至摹仿佛經，掉弄禪語，以之入詩，殊覺可厭，不得以其出自東坡，遂曲爲之說也。」㉔

詩人參禪、習禪、閱讀禪宗公案、語錄、經典，沉浸其中，爲文賦詩，隨之採擷引用，苟點化得宜，亦未見如趙翼所云之「可厭」。杜松柏云：「唐宋詩人之中，用禪典而能『不傷格，不累情』如胡應麟所云者，幾無集無之，是則禪語禪典，實已充實詩家之素材及詞藻，所可議者僅用之善不善之別而已，苟能轉法華，不爲法華轉，則誠有助於詩，固無礙於詩也。」㉕杜氏所云誠是，只在於「用之善不善之別而已」。自禪宗發達後，唐宋詩人之中，幾無集無之，禪語禪典已成爲詩家之題材及詞藻矣。

採擷禪語禪典入詩，始於唐初之楊烱，其後，李太白、杜子美、王右丞、溫飛卿、歐陽永叔、蘇東坡、王介甫、黃山谷集中皆有之，其中以山谷尤多。綜讀山谷之詩集，採擷引用《傳燈錄》、《圓覺經》、《法華經》、《僧寶傳》、《唐高僧傳》、《阿含經》、《維摩經》、《涅槃經》、《楞嚴經》、《寶積經》、《楞伽經》、《華嚴經》、《心經》及禪僧之公案、語錄者不勝枚舉，特於山谷集中，稍加摘錄，以見引用之大要：

道常無一物(1)，學要反三隅。喜與嗔(2)同本，嗔與喜自俱。心隨物(3)作宰(4)，人謂我非夫。利用兼精義，還成到岸桴㉖。

⑴「無一物」，用禪宗六祖慧能偈。五祖弘忍欲傳法，使弟子們作偈以驗悟境，弟子神秀書偈於壁曰：「身是菩提樹，心如明鏡臺。時時勤拂拭，莫使有塵埃。」慧能見之改作：「菩提本無樹，明鏡亦非臺。本來無一物，何處惹塵埃。」㉗⑵「喜與嗔」，用龍樹偈之字。龍樹偈曰：「于法心不澄，無嗔亦無喜。」㉘⑶「心隨物」，用二十二祖付法偈之意。二十二祖付法偈曰：「心無萬境轉，轉處實能幽，隨流認得性，無喜亦無憂。」㉙⑷「作宰」，用玄沙廣語之字。玄沙廣語曰：「如許多田地，教誰作主宰。」㉚心隨物轉，物反爲主，非大丈夫之事，故山谷曰：「心隨物作宰，人謂我非夫。」

無外一精明⑴，六合⑵同自出。公能知本源⑶，佛亦⑷不相似⑸㉛。

⑴「一精明」及⑵「六合」二語皆出《楞嚴經》之偈。《楞嚴經》之偈曰：「諸幻成無性，六根亦如是，原依一精明，分成六和合，一處成休復，六用具不成。」⑶「本源」，用永嘉道證道歌之語。永嘉證道歌曰：「本源自性天眞佛。」㉜⑷「佛亦」，用雲居道膺禪師之語。洞山有時謂師曰：「吾聞思大和尚生倭國作王虛實」，雲居禪師曰：「若是思大，佛亦不作，況乎國王？洞山然之。」㉝⑸「不相似」，用南陽慧忠國師廣語。慧忠國師廣語曰：「僧問旣無纖毫，可得名爲何物？師曰：本無名字。曰：還有相似者否？師曰：無相似者，世號無比獨尊。」㉞山谷易「無」作「不」。山谷此詩四句皆用典。

丹霞不踏長安道⑴，生涯蕭條破席帽。囊中收得劫初鈴，夜靜月明獅子吼⑵。那伽定後一爐香，牛沒馬回觀六道⑶。耆域歸來日未西，一鋤識盡婆娑草㉟。

⑴「丹霞不踏長安道」，用丹霞天然法師之故實。丹霞禪師，初學儒學，將入長安應舉，方宿逆旅，偶一

禪客問曰：「仁者何往？」曰：「選官去！」客曰：「選官何如遂選？」丹霞直造江西，見馬大師（指馬祖道一）㊱。(2)「夜靜月明獅子吼」，用釋迦牟尼出生故事。釋迦牟尼佛，生兜率天，分手指天地，作獅子吼聲㊲。(3)「牛沒馬回觀六道」，史容注云：「牛頭沒，馬頭回，曹溪鏡裏絕塵埃，山谷喜用此偈。」曹溪爲六祖慧能之別稱。「六道」，用誌公和尚大乘讚之語。誌公和尚大乘讚曰：「輪迴六道不停結。」㊳

(二)禪迹詩

所謂禪迹詩，如杜松柏所云：「適其居，友其人，投贈酬答者，禪迹詩也。」㊴其他，如禪祖師示寂後，留傳於世間之事迹、道場、塔寺等，詩人有緣見之，景仰其人，以之爲題材，吟詠歌頌者亦屬之。披開山谷之集，稍加摭拾，以見一斑：

市聲故在耳，一原謝塵埃。乳竇響鐘磬，翠峰麗昭回。俯看成磨蟻，車馬度城隈。水猶曹溪味，山自思公開。浮圖湧金碧，廣廈構瓌材。蟬蛻三百年，至今猿鳥哀。祖印平如水，有句非險崖。心花照十方，初不落梯堦。我行暝託宿，夜雨滴華榱。殘僧四五輩，法筵歎塵埃。……㊵

此詩乃詠青原行思禪師之事迹也。行思爲六祖下第一世，據行思禪師傳，謂行思是吉州安城（在江西省）人，聞曹溪（六祖）法席，乃往參禮。六祖深器之，既得法，住吉州青原山淨居寺㊶。元豐三年（一〇八〇），山谷知吉州太和縣，同六年（一〇八三）遊青原山淨居寺，因仰慕行思在俗世時之道範，傷宗門之零落，後繼無人，遂次周法曹（周元翁）遊青寺之韻而爲此詩。

海風吹落楞伽山，四海禪徒著眼看。一把柳絲收不得，和煙搭在玉欄干㊷。

黃龍心禪師乃前述之晦堂祖心禪師也，影響山谷頗深。「楞伽山」在師子國，是人難入難到之境，佛祖曾說《楞伽經》於此。此頌意謂祖心入寂之後，已進入超聖之境地；祖心人去法留，其法充塞於天地之間，流傳於萬世。

寺古松楠老，巖虛塔廟開。僧緣蠶麥去，官數荔枝來。石室無心骨，金鋪稱意苔。若爲劉道者，拽得鼻頭迴㊸。

此詩乃詠萬州之下巖開巖第一祖道微禪師之事迹也。序云：「萬州之下巖，唐末有劉道者，定州無極人，聞道於雲居道膺禪師，爲開巖第一祖，法號道微，自甃石龕（石塔）曰：死便藏龕中。不用日時，門人奉其命，二百年矣，來遊者，題詩不可勝數」云云。山谷慨歎師祖已作古，景物蕭條，爲鞭韃山野殘僧而作此詩，任淵注云：「意謂山野殘僧，不遵軌轍，安道者復生，鞭繩之也。」

司命無心播物，祖師有記傳衣。白雲橫而不度，高鳥倦而猶飛㊹。

石牛洞在安徽省舒州懷寧縣西之三祖山，有禪宗東土第三祖僧璨大師之塔。元豐三年（一〇八〇），山谷遊此寺，仰慕其在俗世之風範，並樂其林泉之勝，因自號山谷道人。

㈢禪趣詩

詩含禪機、禪理而產生禪趣，謂之禪趣詩。沈德潛云：「王右丞詩不用禪語，時得禪理。」㊺紀匀亦云：「詩宜參禪味，不宜作禪語。」㊻沈、紀二氏皆以詩中宜參禪理、禪趣、禪味，而不宜作禪語，自更不宜堆砌禪典。禪趣詩始於唐，而盛於宋。禪僧以詩寓禪，而詩人以禪入詩，於是產生禪趣詩，禪趣詩為詩中之奇葩，雋永有味。山谷晚歲之作，頗富禪趣，茲稍加摘錄，以見一斑：

煙雲香靄合中稀，霧雨空濛密更微。園客繭絲抽萬緒，蛛螯網面罩群飛。風光錯綜天經緯，草木文章帝杼機。願染朝霞成五色，為君王補坐朝衣㊼。

山谷以「草木文章」、「朝霞」、「五色」之句表示諸現象之「色」、以「霧雨空濛」之句表示諸現象之「空」。全篇無一禪語、禪典，但句句均能展現春天之景象，洋溢天趣、理趣，實乃一首頗富禪趣之作，誠如沈德潛所云：「詩不能離理。」㊽

主人心安樂，花竹有和氣。時從物外賞，自益酒中味。斸枯蟻改穴，掃籜筍逆地。萬籟寂中生，乃知風雨至㊾。

此詩以「花竹有和氣」之自然景象，驗證主人心境之安樂，全篇展現空寂靈妙，靜中有動，動中有靜，動靜交融。錢鍾書所云：「魏鶴山黃太史集序曰：山谷晚歲詩，所得尤深，以草木文章發帝杼機（指〈次韻雨絲雲鶴〉詩），以花竹和氣（指〈次韻答斌老病起獨遊東園〉詩），驗人安樂。」㊿誠非虛言也。

投荒萬死鬢毛斑，生出瞿塘灩澦關。未到江南先一笑，岳陽樓上對君山。

滿川風雨獨憑欄，綰結湘娥十二鬟。可惜不當湖水面，銀山堆裏看青山㉛。

此詩是崇寧元年（一一〇二）正月，山谷歸故鄉分寧，途經岳州（今湖南岳陽）登岳州城西之岳陽樓所作也。意謂自己數次被貶謫於瘴癘地，幾死邊荒，而今復能再度逃出瞿塘峽之灩澦關，心境頓廓，未至江南先發出會心之微笑。「滿川風雨獨憑欄」，充分展現其風雨中之寧靜，此時已是山谷之晚年，已臻大徹大悟之境，乃置生死於度外故也。

山谷禪趣詩頗多，或直接表現禪理，或間接表示禪機，饒富禪趣。

四、結　語

宋詩之特色誠如宋嚴羽所云：「羚羊掛角，無迹可尋，故其妙處，透徹玲瓏，不可湊泊，如空中之音，相中之色，水中之月，鏡中之象，言有盡而意無窮。」㉜宋之詩人喜以禪語、禪典入詩，使作品表現出空靈妙悟之禪趣，因而將詩之意境提升。又因詩人之詩中有禪，而助成禪宗之發展。禪提升詩，詩亦發揚禪，互爲影響，相得益彰。然如山谷之「君不見岳頭嬾瓚一生禪，鼻涕垂頤渠不管。」㉝「世人愛處屬同流，一絲不掛似太俗。」㉞「忍持巴蕉身，多負牛羊債。」

(55)「萬事同一機，多處乃禪病。」(56)「人忘經禪盡，屋破龍象泣。」(57)……等句子頗似禪僧之偈頌，又多如伽陀、伽梨、那伽、震旦、祇夜、伊尼、毗尼之類梵語，故不免受後人不滿之批評，如宋蔡絛云：「山谷詩，妙脫蹊逕，言謀鬼神，無一點塵俗氣，所恨務高，一似曹洞下禪，尙墮在玄妙窟裏。」(58)

山谷好奇，部分作品頗富妙趣、奇趣，然出奇過甚，「反常而不合道」，故有「亂談」之譏，清吳喬云：「子瞻曰：詩以奇趣爲宗，反常合道爲趣。此語最善，無奇趣何以爲詩？反常而不合道，是亂談；不反常而合道，則文章也。山谷云：雙鬟女娣如桃李，早年歸我第二雛，亂談也；堯夫三皇等吟，文章也。」(59)

錢鍾書對山谷詩之聱牙詰屈亦有不滿之批評：「他的詩給人的印象是生硬晦澀，語言不夠透明，彷彿冬天的玻璃窗蒙上一層水氣，凍成一片冰花。黃庭堅曾經把道聽塗說的藝術批評比於『隔簾聽琵琶』，這句話正可以形容他的語言像簾子般的障隔住了，弄得咫尺千里，聞聲不見面。正像《文心雕龍》〈隱秀〉篇所云：『晦塞爲深，雖奧非隱』；這種『奈人思索』是費解，不是含蓄。」(60)

其實，任何時代任何詩人之作品皆不可能十全十美，就如陶淵明、李太白之詩，已臻爐火純青之境界，然仍不免被貶爲「寂寞枯槁」、「亂雲敷空」，許尹云：「周衰，官失學廢，大雅不作久矣。由漢以來，詩道浸微陵夷，至於晉、宋、齊、梁之間，哇淫甚矣。曹、劉、沈、謝之詩，非不工也，如刻繪染穀，可施之貴介公子，而不可用之黎庶；陶淵明、韋蘇州之詩，寂寞枯槁，如叢蘭幽桂，可宜於山林，而不可置於朝廷之上；李太白、王摩詰之詩，如亂雲敷空，寒月照水，雖千變萬化，而及物之功亦少；孟郊、賈島之詩，酸寒儉陋，如蝦蟹蜆蛤，一啖便了，雖咀嚼有味，而不能飽人。」61

後世對山谷之詩毀譽參半，但仍不影響其在中國詩史上之地位。平心而論，宋代文學之主流在詞不在詩，而詩之發展，至唐已臻巔峰，山谷生長在如此之時代裏，若不另拓途徑而循前人之路，則甚難有所成就，經山谷之嘗試、耕耘，宋詩終於擺脫前人之窠臼，而另闢嶄新之蹊徑。有宋一代，詩歌意境之開拓，山谷之功誠不可沒也。

註

① 見《宋詩鈔》〈序〉。清吳之振等撰，清光緒己卯刊本。
② 見《漫堂說詩》。清宋犖撰，清詩話本，丁福保編，明倫出版社。
③ 同①。
④ 見《禪學與唐宋詩學》頁一四八。杜松柏撰，黎明文化事業公司。
⑤ 見《庸言》第一卷第六號〈詩學枝譚〉。
⑥ 見《黃山谷詩》〈序〉。黃公渚撰，商務印書館。

⑦見《山谷詩註》別集卷下〈贈法輪齊公〉之註。宋黃庭堅撰，宋史季溫註，商務印書館國學基本叢書本。
⑧見《石門文字禪》卷二七。宋釋惠洪撰，四部叢刊影印明徑山寺刊本。
⑨見《豫章黃先生文集》卷十五〈爲黃龍心禪師燒香頌〉。宋黃庭堅撰，四部叢刊影印宋乾道刊本。
⑩見《禪林僧寶傳》卷二六。釋惠洪撰，四庫著錄本。
⑪見《豫章黃先生文集》卷十六。
⑫同上書卷二六。
⑬同上書卷十八。
⑭同上書卷二四。
⑮見《山谷詩註》內集卷二〇。宋黃庭堅撰，宋任淵註。
⑯見《黃山谷書牘》。宋黃庭堅撰。
⑰見《山谷詩註》內集卷二〇〈代書寄翠巖新禪師〉。
⑱見《禪林僧寶傳》卷三〇。
⑲見《山谷詩註》內集卷十六。
⑳同⑲之任淵註。
㉑同上書卷二〇〈寄黃龍清老〉。
㉒同上書〈贈惠洪〉。

㉓見《詩人玉屑》卷六。宋魏慶之撰，中華書局一九五九年版。
㉔見《甌北詩話》卷五。清趙翼撰，清刊本。
㉕見《禪學與唐宋詩學》頁三一五。
㉖見《山谷詩註》內集卷十二〈次韻楊明叔〉。
㉗見《景德傳燈錄》卷三。宋釋道原撰，眞善美影印本。
㉘卷上書卷一。
㉙同㉗。
㉚同上書卷二八。
㉛見《山谷詩註》內集卷十一〈頤軒詩〉。
㉜見《景德傳燈錄》卷三〇。
㉝同上書卷十七。
㉞同上書卷二八。
㉟見《山谷詩註》外集卷十三〈贈王環中〉。宋黃庭堅撰，宋史容註。
㊱見《景德傳燈錄》卷十四。
㊲同上書卷一。
㊳同上書卷二九。

39 見《禪學與唐宋詩學》頁三〇〇。
40 見《山谷詩註》外集卷十二〈次韻周法曹遊青原寺〉。
41 見《景德傳燈錄》卷五。
42 見《豫章黃先生文集》卷十五〈爲黃龍心禪師燒香頌〉。
43 見《山谷詩註》內集卷十四〈萬州下巖〉。
44 同上書卷一〈題山谷石牛洞〉。
45 見《說詩晬語》卷下。清沈德潛撰，談藝珍叢本。
46 見《瀛奎律髓》卷四七〈盧綸鄭谷之作〉。元方回撰，清紀勻批點，藝文印書館。
47 見《山谷詩註》內集卷十二〈次韻雨絲雲鶴二首〉錄〈雨絲〉一首。
48 見《國朝詩別裁》〈凡例〉。
49 見《山谷詩註》內集卷十三〈次韻答斌老病起獨遊東園〉。
50 見《談藝錄》頁二七一。錢鍾書撰，野狐出版社。
51 見《山谷詩註》內集卷十六〈雨中登岳陽樓望君山〉。
52 見《滄浪詩話》。宋嚴羽撰，人民文學出版社郭紹虞校釋本。
53 見《山谷詩註》內集卷十九〈次韻元實病目〉。
54 同上書卷十三〈題足也軒〉。

㊺ 同上書外集卷十二〈胡朝請見和復次韻〉。

㊻ 同上書內集卷十三〈次韻答斌老病起獨遊東園〉。

㊼ 同上書卷十八〈頭陀寺〉。

㊽ 見《西清詩話》。宋蔡條撰，宋詩話輯佚本，郭紹虞輯，華正書局。

㊾ 見《圍爐詩話》卷一。清吳喬撰，借月山房彙鈔本。

㊿ 見《宋詩選註》頁一一二—三。錢鍾書撰，木鐸出版社。

(61) 見《山谷詩註》〈陳黃詩註序〉。

談黃庭堅與李杜詩

壹、緒　言

中國古典詩歌的發展，源遠流長。每一個時期的詩作，各有其特色，而各朝詩，正以其各自的特色顯露其光輝。宋處於唐之後，詩在唐代，可說是發展至另一高峰，清錢泳《履園譚詩》云：「詩之爲道，如草木之花，逢時而開，全是天工，並非人力。溯所由來，萌芽於三百篇，生枝布葉於漢、魏，結蕊含香於六朝，而盛開於有唐一代。」處在這種文學情勢之下，宋代詩人如要建立起本身的風格，開拓本身的道路，自然是需要有巨大的魄力，過人的智慧，並經一番艱苦的努力的。

宋初詩壇有九僧，詩學賈島，多拘泥晚唐而不知變，有佳句而無佳篇，故其詩在歐陽修時，已不復傳。眞宗景德年間，楊億、錢惟演、劉筠等與朝中苑臣相互唱和，所作見《西崑酬唱集》二卷，其詩以藻麗爲勝，爲宋代詩學之初步革新，但在改變唐代詩風，樹立宋詩本身的獨特性格上，其力不大，所作雖或有可取，但難領詩人自成一路。是以代表宋代詩風之歐陽修、黃庭堅，雖然不走西崑路線，但亦頗尊重楊、劉，歐陽修《六一詩話》云：「自《西崑集》出，時人爭效之，詩體一變。而先生老輩患其多用故事，至於語僻難曉，殊不知自是學者之弊。如子儀〈新蟬〉云：『風來玉宇烏先轉，露下金莖鶴未知。』雖用故事，何害爲佳句也。又如『峭帆橫渡官橋柳，疊鼓驚飛海岸鷗。』其不用故事，又豈不佳乎？」

宋文化爲一知性反省的文化，因此於詩的理論上，關注於詩意的探討、追求與表現，而屢受議論的黃庭堅之「奪胎換骨法」說，亦屬詩意之探索與表現之道理，而重於秩序之講求，使宋代詩論亦重詩法，而且，宋代社會，繼中唐社會型態之發展，都市經濟發達，庶民文化勃興①。日本學者青木正兒〈琴棋書畫〉云：「六朝至唐，文人生活以貴族豪華趣味爲主調。到了宋代，文人以庶民質素趣味爲主調。貴族好雅，庶民好野；純雅流於奢侈，純野流於俚鄙。宋人取二者的調合，以清出之。」宋初西崑體以「藻麗」爲主，雖頗反應宋初「國家祥符中，民風豫而泰，操筆之士，率以藻麗爲勝」②之情況，但深俱唐風，不能貼合宋代文化之精神，而且欠缺理論之推廣，不能獲得廣泛文士之支持，所以此詩風至元祐年間，不得不改轍易向。可以說，歐陽修始與晚唐離，黃庭堅始與晚唐絕。

宋詩，黃庭堅力創之後，當時諸詩人力加推挽，加以宗派、社會、正統觀念之促使，於是江西詩社成焉。呂本中曾作《江西詩社宗派圖》，自黃庭堅以下陳師道等二十五人，爲江西詩社中人。江西詩風，是宋詩之主流，亦是宋詩之典則。江西派詩，可說在唐之後，開創詩歌寫作的另一條道路，後之論者，常取唐、宋詩風之不同，相互比較。

黃庭堅對宋詩之功，乃在於發掘寶蘊，振起宋詩之風骨。宋詩之大家中，影響之深遠，無人可及之。黃詩鎔鑄經史，造語深微，善於擬古，多用典故，不僅是宋詩之傑出者，亦代表宋代詩風。因此研究宋詩，不能不研究黃詩，提及中國歷代詩人，亦不能不提及黃庭堅，所以研究黃詩是有其重大意義的。

黃庭堅如何會粹百家，其詩法何以能使江西詩派諸君子奉爲作詩論詩之訣竅等問題，引發了我一窺黃詩之興趣，由於篇幅有限，首先就從黃庭堅如何利用李杜詩做一概略的考察。

貳、黃庭堅之傳略

黃庭堅，字魯直，號山谷道人，宋仁宗慶曆五年乙酉（一〇四五）六月十二日生於洪州分寧（江西修水）。有關其家譜，見於《宋史》本傳者，甚爲簡略。據〈叔父和叔墓〉③文，謂庭堅先世爲婺州（浙江金華）人，六世祖黃瞻以上居金華，瞻因知分寧，始卜居焉。瞻生元績、元吉。元吉生中理、中雅。中理生五子，其四子湜，爲庭堅之祖考。湜生五子，其四子庶，乃庭堅之先考也。庶生五男四女，庭堅爲其四子也。庭堅生於分寧，故史稱其爲分寧人。

其父庶能詩，有《伐檀集》二卷傳世。庭堅承其家學，加以聰穎及苦學，終能一鳴驚人。

《桐江詩話》謂其七歲時能作〈牧童〉詩，又《西清詩話》謂其八歲時能作〈送人赴舉〉詩④。仁宗嘉祐四年，父殁於康州（廣東德慶）官所。庭堅既孤，從其舅李常遊學淮南。後識孫覺，爲其所賞識，將其女蘭溪妻之⑤。英宗治平三年，赴鄉試，詩題爲「野無遺賢」，庭堅以「渭水空藏月，傅巖深鎖煙」二句爲主考官所讚賞，遂膺首選。次年赴試禮部，登進士第，除汝州葉縣（河北葉縣）尉。

神宗熙寧元年，庭堅年二十四，首次登上仕途，於九月到任。然鎮相富弼責其愆期而下吏，拘留至歲晚⑥。三年，元配孫氏殁於官所。五年，庭堅舉四京學官，除北京國子監教授。次年，與謝景初之女介休再婚。十年，庭堅年三十三，與知徐州之蘇軾，於未通問前，先以〈次韻子瞻春菜〉⑦一詩和之。

元豐元年，蘇軾於孫覺家見其詩，異常歎賞，以爲世久無此作矣。庭堅復以〈古詩二首上蘇子瞻〉⑧寄意，不久就得到蘇之報書與和章。經蘇之推崇，名聲始震。二人因以詩文往來，傳爲詩壇佳話。二年，繼配殁於官所。次年，會蘇軾「烏臺詩案」，庭堅遭罰金，改知吉州太和（江西泰和）。是年十月，於赴任途中，經舒州三祖山，遊山谷寺之石牛洞，樂其林園之勝，因自號山谷道人。七年三月，赴德平鎮之任，過泗州（安徽泗縣）僧伽塔時，嘗立誓痛戒酒色，作〈發願文〉⑨。次年三月，神宗崩，哲宗立，由宣仁太后聽政，舊黨得勢，庭堅召爲校書郎，此爲庭堅仕官之燦爛期之始。

哲宗元祐元年，庭堅除神宗實錄院檢討官、集賢校理，掌修《神宗實錄》，次年正月，除著作佐郎。四年至六年，庭堅皆在史局⑩。六年三月十八日丁母憂，八年七月，母喪除服，乞守太平州，居鄉待命。

紹聖元年，宣仁太后崩，哲宗親政，新法復活，章惇爲相，蔡卞兄弟握權，立「元祐黨籍碑」，乘勢打擊舊黨。又庭堅於修《神宗實錄》時，與禮部侍郎陸佃有隙，因斥其所修《實錄》失實，遂被貶爲涪州別駕、黔州安置，因自號涪翁。次年四月，抵黔州，寓居開元寺之摩圍閣，以登覽文墨自娛，因又號摩圍老人。

元符元年春初，以避外兄張向之親嫌，庭堅移戎州安置。六月抵戎州（四川宜賓），寓居城南之任運堂。蜀士慕而從之遊者，庭堅皆爲之講學。三年正月，哲宗崩，徽宗立，由向太后聽政。自是歲五月至建中靖國元年四月之事，由〈戎州辭免恩命奏狀〉⑪一文可知。

徽宗崇寧元年，朝廷施行新政，舊黨立於險惡之境。庭堅得知太平州，然僅官九日而罷。二年，庭堅因前監德平鎮時，嘗忤趙挺之，轉運判官陳舉承執政趙挺之風旨，指庭堅所作〈承天院塔記〉⑫爲幸災謗國，摘其間數語，上於朝廷，雖朝廷以爲其文初無幸謗之意而免於下獄，然仍難逃流罪，被羈管宜州（廣西宜山）。庭堅之親朋，發覺他於夜半發船往宜州，攜酒追送至漢陽⑬。次年二月，獨赴貶所，館於戍樓。此樓之情景，於〈題自書卷後〉⑭可知。四年三月，蜀都俠士范寥（信中）來訪⑮。九月五日，朝廷下大赦令，庭堅改徙永州，然未任，於三十日病歿，享年六十一。卒時僅范氏服侍於榻側⑯。

庭堅的一生，集不幸於一身：少孤家貧，二度喪妻，亡失弟妹，仕途顛仆，貧病相煎，晚年遠流，客死瘴鄉。然其節操高潔，心境光風霽月，於千秋之後，吾人猶能想見其人格與修養。

庭堅著有山谷內集三十卷、外集十四卷、別集二十卷、詞一卷、簡尺二卷，皆傳於世。

參、黃庭堅與李白

一、黃庭堅之看李白詩

庭堅爲詩，態度嚴謹，專以學力致之，受古人影響甚鉅，宋劉克莊〈江西詩派小序〉云：「豫章稍後出，會粹百家句律之長，究極歷代體制之變，蒐獵奇書，穿穴異聞，作爲古律，自成一家，雖隻字半句不輕出，遂爲本朝詩家宗祖。」⑰庭堅詩雖曰「會粹百家」，然獨愛李杜。庭堅愛太白詩之自然與平淡，更愛其詩之「奇橫蠻拗」與瀟脫。閒來無事之時，喜書太白詩以爲樂，〈書自草秋浦歌後〉云：「紹聖三年五月乙未，新開小軒，聞幽鳥相語殊樂，戲作草，遂書徹李白秋浦歌十五篇。」⑱

宋周必大〈跋山谷草書太白詩〉云：「南豐諶氏收山谷草書太白歌行一卷，殆中年筆也。余家藏數卷，亦太白詩。」⑲

庭堅除手書太白詩外，還次韻和之，元方回〈次韻李太白幷序〉云：「潯陽紫極宮，即今天慶觀，太白賦感愁詩，東坡和之，山谷又和之，後人不容措手矣。」⑳

庭堅愛太白詩，推及想像其人，甚者達於日思夜夢的境地。庭堅有〈夢李白誦竹枝詞三疊〉跋云：「予既作竹枝詞，夜宿歌羅驛，夢李白相見於山間，曰：『予往謫於夜郎，於此聞杜鵑，作竹枝詞三疊，世傳之不子細。』憶集中無有，請三誦乃得之。」

庭堅自己平日熟讀李、杜、韓詩，並以之教導後進。他給外甥徐師川的信這樣寫道：「詩政欲如此作，其未至者，探經術未深，讀老杜、李白、韓退之詩不熟耳。」㉑

庭堅的律詩純學太白，但表現出奇橫蠻拗的風格又自成一家。清王有宗云：「山谷律詩，奇橫蠻拗，純學太白，卓然自成一家。」㉒

庭堅尤愛太白詩之不拘一格之風格，云：「余評李白詩，如黃帝張樂於洞庭之野，無首無尾，不主故常，非墨蹔人所可擬議。吾友黃介讀李杜優劣論曰：『論文政不當如此』，余以為知言。及觀其稿書，大類其詩，彌使人遠想慨然……其行草殊不減古人，蓋所謂不煩繩削而自合者歟！」㉓

李白嗜酒，醉時落筆成篇，酒醒不能盡憶，杜甫〈飲中八仙歌〉有云：「李白一斗詩百篇」，他醉時之作，又是一格。〈題李太白白頭吟後〉云：「此篇皆太白作而不同如此，編詩者不能決也。予以為此二篇皆太白作無疑，蓋醉時落筆成篇，人輒持去；他日士大夫求其稿不能憶

前篇，則又隨手出成後篇耳。」㉔

庭堅認爲太白詩可媲美漢魏樂府，宋張戒《歲寒堂詩話》云：「魯直云：『太白詩與漢、魏樂府爭衡。』此語乃眞知太白者。」㉕

庭堅愛太白詩，欣賞其詩，髣髴見其人，由於太白詩之自然、灑脫，而想像其爲瀟灑之人。〈跋李太白詩草〉云：「觀此詩草，決定可知是胸中瀟灑人也。」㉖張健教授說：「李白是瀟灑人，因詩及人，雖然未註明所寫何詩亦不自妨，當係就其詩草筆法而判斷。」㉗誠然。

綜上所述，庭堅由於愛太白詩，而推及其人，對太白詩之風格，讚美有加，但未見對其詩有反面的批判。

二、黃庭堅之引李白詩

㈠集句、借用、翻案

庭堅之詩作眞不愧是「會粹百家」，他利用前人資料的方法甚多，諸如集句、借用、翻案、奪胎、換骨等名目。於此僅以李白作爲一個例子，看庭堅如何消化其詩。

1.集句：所謂集句詩，即摘取前人名句組合而成之詩。宋蔡絛《西清詩話》㉘謂此法宋初有之，至石曼卿始大著。因王安石善於此道，故世人誤以爲始於王氏。庭堅亦有此類詩，如〈壽聖觀道士黃至明開小隱軒，太守徐公爲題曰快軒，庭堅集句詠之〉㉙云：

金華牧羊兒⑴，一粒粟中藏世界。使君從南來，清風明月不用一錢買。鸕鷀杓，鸚鵡杯，一杯一杯復一杯⑵，玉山自倒非人推⑶。廬山秀出南斗傍，登高送遠形神開。銀河倒挂三石梁⑷，砯崖轉石萬壑雷⑸。吟詩作賦北窗裏⑹，安得青天化作一張紙。有長鯨白齒若雪山⑺，我願因之寄千里。

⑴「金華牧羊兒」句，借自李白〈古風〉；⑵「清風明月不用一錢買，鸕鷀杓，鸚鵡杯……玉山自倒非人推」句，借自李白〈襄陽歌〉；⑶「一杯一杯復一杯」句，借自李白〈山中與幽人對酌〉詩；⑷「廬山秀出南斗傍……銀河倒挂三石梁」句，借自李白〈廬山謠寄盧侍御虛舟〉詩；⑸「砯厓轉石萬壑雷」句，借自李白〈蜀道難〉詩；⑹「吟詩作賦北窗裏」句，借自李白〈答王十二寒夜獨酌有懷〉詩；⑺「有長鯨白齒若雪山」句，借自李白〈公無渡河〉詩。

此詩專取李白詩一家，略間以他人數言以成篇。後人對此詩有嚴厲的批評，清潘德輿《養一齋詩話》云：「山谷不喜集句，笑爲百家衣；然於壽聖院快軒，則集句詠之，何也？大抵文人多自蹈其所譏者，不獨詩爲然矣。」

又如「銅官縣望五松山集句」㉚云：

我來五松下⑴，白髮三千丈⑵。松門點青苔⑶，惜哉不得往。……此人已成灰⑷，懷賢盈夢想⑸。……搔背牧雞豚⑹，相見得無恙。

(1)「我來五松下」句，借自李白〈與南陵常贊府遊五松山〉詩；(2)「白髮三千丈」句，借自李白〈秋浦歌〉；(3)「松門點青苔」句，借自李白〈尋山僧不遇作〉詩，改「閉」爲「點」；(4)「此人已成灰」句，借自李白〈玉眞公主別館苦雨贈衛尉張卿〉詩；(5)「懷賢盈夢想」句，借自李白〈酬裴侍御對雨感時見贈〉詩；(6)「搔背牧雞豚」句，借自李白〈書情題蔡舍人雄〉詩，改「鵝」爲「豚」。

此詩全篇二十句，除集李白之詩句外，間集淵明、老杜、退之三家詩句以成篇。像作這樣的集句詩，如何選取古人之句，如何組合成篇，專憑詩人之才華，是詩人消遣的小道，無文學價值可言。庭堅不喜集句詩，謂之爲百家衣體，其法貴拙速，而不貴巧遲㉛，以免浪費時間、精力。所以說，集句詩只是庭堅興之所至，率爾成篇之作，非其詩之特色。實際上，集句詩於庭堅集中並不多見，於此僅聊備一格而已。

2.借用：摘取前人名句以爲己用，魏慶之稱之爲「沿襲」㉜，任、史等註庭堅詩稱之爲「借用」。據魏氏說全句沿襲者是出於李白，而後人襲用此格，愈變愈工㉝；部分沿襲者，其起源則更早，可上溯至漢代的馬融、張衡等㉞。到了宋代，則成爲一般詩人作詩的方法，「會粹百家」的庭堅尤甚。庭堅借用前人成辭的方式約有以下幾種：

(1)一字不改，全句借用者，如前述集句詩皆是；又如〈明遠庵〉詩：「我醉欲眠卿且去」句即借自李白〈山中與幽人對酌〉詩。

(2)七言改動一至二字者，如〈次韻楊明叔長歌〉：「別有天地非人寰」句，借自李白〈山中問答〉詩：「別有天地非人間」句，改「間」爲「寰」；又如〈次韻答楊子聞見贈〉詩：「文章不直一杯水」句，借自李白〈答王十二寒夜獨酌有懷〉詩：「萬言不直一杯水」，改「萬言」爲「文章」。

⑶七言摘取三至四字者，如〈寄懷公壽〉詩：「一笑端須直萬錢」的「直萬錢」三字，摘自李白〈行路難〉詩：「玉盤珍羞直萬錢」句，又如〈廖致平送綠荔支爲戎州第一，王公權荔支綠亦爲戎州第一〉詩：「撥醅蒲萄未足數」的「撥醅蒲萄」四字，摘自李白〈襄陽歌〉：「恰似蒲萄新撥醅」句。

⑷改其句眼者，如〈答余洪範〉詩：「倒海弄明月」句，借自李白〈書情題蔡舍人雄〉詩：「倒海索明月」句，改其句眼「索」爲「弄」。

⑸摘其句眼者，如〈贈趙言〉詩：「大梁卜肆傾賓客」的「傾」字，摘自李白〈贈王判官時余歸隱居廬山屏風疊〉詩：「梁苑傾鄒枚」句。

⑹斂兩句之字爲一句者，如〈次韻叔父夷仲送夏君玉赴零陵主簿〉詩：「青雲已迷津」句，是斂自李白〈聞丹丘子於城北營石門幽居中有高風遺跡僕離群遠懷亦有棲遁之志因敍舊以寄之〉詩：「迷津覺路失」及〈贈張相鎬〉詩：「名飛青雲上」二句之字。

綜上所述，可見全句抄襲者，痕迹最顯，難免有竊詩之譏，古人有云：「述者不及作者」㉟，信然。但此格出自李白，非庭堅所創；只改動一二字者，亦有依仿太甚之慨；改動句眼及摘取句眼者，較不顯斧鑿痕，是庭堅詩中用前人成辭技巧較佳的部分，誠如他自言的「靈丹一粒，點鐵成金也」㊱，斂兩句之字爲一句者，拼拼湊湊，猶如集字詩，拼湊並非不好，只怕留有斧鑿痕，又怕黏皮骨，技巧較差的，只能拼湊出一些百家衣，而沒有自己的東西，所以此格甚難爲，難免受到像宋張戒《歲寒堂詩話》卷上所說的「魯直又專以補綴奇字……」那樣的批評。

3.翻案：詩人用故事或前人舊詩意、舊語辭有直用與反用二法。直用，即上節所說的「借用」；反用，即推翻前人成說，另闢蹊徑，又稱「翻案」。《詩人玉屑》「不沿襲」條云：「太白云：『解道澄江靜如練，令人還憶謝元暉。』至魯直則云：『憑誰說與謝元暉，休道澄江靜如練。』……皆反其意而用之，蓋不沿襲耳。」㊲不沿襲，即反用，亦即翻案。此謂庭堅用「休道」二字推翻李白詩。

要翻卻前人公案，另闢蹊徑，而不落俗套則須有豐富的學識，並有超人之見才能做到。《詩人玉屑》又云：「文人用故事，有直用其事者，有反其意而用之者。……直用其事，人皆能之，反其意而用之者，非學業高人，超越尋常拘攣之見，不規規然蹈襲前人陳迹者，何以臻此？」㊳由上引諸文，可知「前輩所謂翻案法，蓋反其意而用之也。」㊴「反其意而用之，蓋不欲沿襲之耳。」才學俱佳者、有「超越常拘攣之見」者，方能推陳出新，不落俗套。庭堅之詩，無論是用事或用前人之舊語辭皆能充分利用此法，如〈次韻答曹子方雜言〉詩：「樽前不復如花人」句，是反用李白〈攜妓登梁王棲霞山孟氏桃園中〉詩：「金屏笑坐如花人」之意，以「不復」推翻太白詩，使其意思相反。

又如〈次韻文潛〉詩：「天生大材竟何用」句，是反用李白〈將進酒〉詩：「天生我材必有用」之意，以「竟何用」推翻太白詩。任淵註：「此反而用之。」㊵

庭堅之詩，反用前人之語意，大致皆能化腐朽爲神奇，使詩歌雋永有味，正合乎他自己的詩論——以故爲新。

(二)奪胎換骨

奪胎與換骨二法，自來論詩者多併爲一談。此二法雖皆爲規摩前人詩而髣像之，即羅根澤所說的「偷樑換柱」㊶，然二法之技巧不同，「奪胎」爲「偷語」，即換意不換格；「換骨」則是「偷意」，即換辭不換意。二者的手段同是「偷」，但所偷之物卻不同，一爲「語」，一爲「意」。據說此二法是庭堅發明的，然在庭堅集中不見記載，後來卻成爲江西詩派的主要詩法。宋惠洪《冷齋夜話》云：「山谷言：『詩意無窮，而人之才有限，以有限之才，追無窮之意，雖淵明、少陵，不得工也。然不易其意而造其語，謂之換骨法；窺入其意而形容之，謂之奪胎法。』」㊷由惠洪所引庭堅語，可見庭堅當初創立此名目時，二法已有區別矣。

1. 奪胎：既如前述，「奪胎」是「偷語」。善於奪胎者，其詩令人讀之，「親切過於本詩」；不善奪胎者，語雖工巧，而無別意，則不足爲貴，就是所謂的「鈍賊」。宋嚴有翼《藝苑

雌黃》云：「杜陵謁玄元廟，其一聯云：『五聖聯龍袞，千官列鴈行。』蓋紀吳道子廟中所畫者。徽宗嘗製哲廟挽詞，用此意作一聯云：『北極聯龍袞，西風折鴈行。』亦以『鴈行』對『龍袞』，然語意中的，其親切過於本詩，茲不謂之奪胎可乎？不然，則徒用前人之語，殊不足貴，蘇子美云：『峽束滄淵深貯月，巖排紅樹巧裝秋。』非不佳也，然正用杜陵『峽束滄江起，巖排石樹圓』之句耳，語雖工，而無別意。」㊸

庭堅詩多用奪胎法，用古人句律，寫己之意，如〈玉京軒〉詩：「上有千年來歸之白鶴，下有萬歲不凋之瑤草」句，頗用李白〈灞陵行送別〉詩：「上有無花之古樹，下有傷心之春草」之句律。太白是記送別友人；庭堅則詠「玉京軒」，二詩調同事異。

庭堅利用太白詩之句律而引起後人爭議者亦有之，如〈題竹石牧牛〉，云：「石吾甚愛之，勿遣牛礪角；牛礪角尚可，牛鬪殘我竹。」此詩全用李白〈獨漉篇〉：「獨漉水中泥，水濁不見月；不見月尚可，水深行人沒」之句律。

宋呂本中《童蒙詩訓》謂此詩爲庭堅詩之成就處，是庭堅詩之極至㊹。亦有人認爲此詩「體致新巧，自作格轍」者。宋范季隨《室中語》云：「一日，因坐客論魯直詩體致新巧，自作格轍，次客舉魯直題子瞻伯時畫竹石牛圖詩云……如此體製甚新。公徐曰……蓋是李白獨漉篇也。」㊺

庭堅此詩之格律是出自太白詩，後人對其評價貶多於褒。因格調雖「甚妙，但須少加以理耳」㊻，清陳衍《石遺室文集》云：「理之不足，名大家常有之。山谷題畫詩云……然不見月，雖以譬在上者被人蒙蔽，而就字面說，月之不見固無大礙，以較行人沒於水，自覺其尚可；若其石既爲吾所甚愛，惟恐牛之礪角，損壞吾石矣，乃以較牛鬪之傷竹，而曰礪角尚可，何其厚於竹而薄於石耶！於理似說不過去。」㊼這是陳氏對庭堅詩只重「調」，缺乏「理」所發的不滿之詞。

2.換骨：既如前述，「換骨」即「偷意」。此法若技巧的當，則能使作品比原詩精彩數倍，意趣橫生，學詩者不可不知之。《詩人玉屑》云：「詩家有換骨法，謂用古人意而點化之，使加工也。……學詩者不可不知此。」㊽

庭堅用古人詩意而刻意經營者極多，如李白〈望廬山瀑布水〉詩云：「咳唾落九天，隨風生珠玉。」庭堅〈宿舊彭澤懷陶令〉詩則云：「空餘詩語工，落筆九天上。」任註：「此句頗采其意。」㊾

李白〈戲贈杜甫〉詩云：「借問別來太瘦生，總爲從前作詩苦。」庭堅〈王立之承奉詩報梅花已落盡次韻戲答〉詩則云：「定是沈郎作詩瘦，不應春能生許愁。」

李白〈贈任城盧主簿〉詩云：「海鳥知天風，竄身魯門東。臨觴不能飲，矯翼思凌空。鐘鼓不爲樂，煙霜誰與同。」庭堅〈送吳彥歸番陽〉詩則云：「九鼎奏簫韶，爰居端不饗。」史註：「亦此意。」㊿

李白〈行路難〉詩云：「且樂生前一杯酒，何須身後千載名。」庭堅〈和師厚郊居示里中諸君〉詩則云：「身後功名空自重，眼前樽酒未宜輕。」

李白〈鳴皐歌送岑徵君〉詩云：「白鷗兮飛來，與君兮相親。」庭堅〈追憶予泊舟西事次韻〉詩則云：「白鳥不去相知深。」

此法得陳師道而大行，他除了親自實踐外，並以之教導後進，〈次韻答秦少章〉詩云：「學詩如學仙，時至骨自換」㊿，可見陳氏甚重視此法。然「學詩如學仙」，用語抽象，沒有一套具體的方法；「時至骨自換」，可見此法很費時間，不是一條捷徑，必須狠下工夫鍛鍊，方有所得。

其實，用前人成辭、詩意之法早在唐代就已盛行，釋皎然稱之爲「偷語」、「偷意」、「偷勢」。他把詩人喻爲「賊」，即「偷語」者爲「鈍賊」，「偷意」者居次，「偷勢」者爲「偷狐白裘于閫域中之手」㊾。黃庭堅所發明的「奪胎換骨」只是將釋皎然的「三偷」之名稱美化罷了。

肆、黃庭堅與杜甫

一、杜詩得山谷而後發明㊸

黃庭堅之詩學主要淵源自杜甫，旁及淵明、退之等，他學前人的痕迹斑斑見於詩文。庭堅學杜詩，后山、簡齋繼之，清翁方綱《七言律詩鈔》凡例云：「凡山谷以下，後來語學杜者，率以后山、簡齋並稱。」[54]後來江西詩派形成，詩派諸君子莫不以學黃宗杜爲至極。

庭堅認爲學詩首先必須尋找門徑，始鍛鍊有功。像「退之於詩，本無解處，以才高而好奇；淵明不爲詩，寫其胸中之妙爾」那樣，「無韓之才與陶之妙而學其詩」[55]，則畫虎不成反類犬也，故不可學，也不當學。他主張學杜，是因爲杜詩有門徑可尋，只要找到門徑就可登堂入室，故可學當學，他〈與趙充伯書〉云：「學老杜詩，所謂刻鵠不成猶類鶩也。」[56]因此他以杜詩爲圭臬，踏著老杜的足跡，從杜詩的形式技巧中，尋求經驗與門徑，而後亦步亦趨地模仿，如清方東樹《昭昧詹言》云：「山谷學杜、韓，一字一步不敢滑，而於中又具參差章法變化之妙。」[57]

庭堅之學杜，實始於其父亞夫，陳師道《後山詩話》云：「唐人不學杜詩，惟唐彥謙與今黃亞夫庶、謝師厚景初學之。魯直，黃之子，謝之婿也。其於二父，猶子美之於審言也。然過於出奇，不如杜之遇物而奇也。」

千年以來，庭堅之學杜，已成公論。然則庭堅如何學杜？又杜詩那些技巧可學？杜詩又如何「得山谷而後發明」？於此，擬從宋人及宋以後有關庭堅學杜的各家說法加以考查：

1.熟讀杜詩，尋其用意處。庭堅〈論作詩文〉云：「老杜詩字字有出處，熟讀三五十遍，尋其用意處，則所得多矣！」（《豫章黃先生文集》卷十一）

2.學老杜之句法。明王世貞云：「魯直用生拗句法，或拙或巧，從老杜歌行中來……但所謂差之毫釐，謬之千里耳。骨格既定，宋詩亦不妨看。」（《弇州山人四部稿》卷二十）

3.學老杜之警句，所謂語不驚人死不休。方東樹云：「（詩）以事實典重飾其用意，加以造創奇警，語不驚人死不休，此山谷獨有，然亦從杜中得來者，不過加以造句耳。」（《昭昧詹言》卷十一）

4.學老杜之斷句旁入他意。宋陳長方云：「古人作詩斷句，輒旁入他意，最爲警策，如老杜云『雞蟲得失無了時，注目寒江倚山閣』是也。黃魯直作〈水仙花〉詩亦用此體，云：『坐對眞成被花惱，出門一笑大江橫。』」（《步里客談》卷下）

5.學老杜之換字對句法，即拗句，又稱吳體。宋胡仔云：「（魯直換字對句法）此體本出於老杜，如『寵光蕙葉與多碧，點注桃花舒小紅。』……今俗謂之拗句者，是也。」（《苕溪漁隱叢話》前集卷四十七）

6.學老杜之句中疊用字。明胡應麟云：「老杜好句中疊用字，惟落花、游絲妙絕……唐人絕少述者，而宋世黃、陳相祖襲。」（《詩藪》內編卷五）

7.學老杜之取古人陳言入於翰墨，即點鐵成金。庭堅〈答洪駒父書〉云：「老杜作詩，退之作文，無一字無來處，蓋後人讀書少，故謂韓杜自作此語耳。古之能爲文章者，眞能陶冶萬物，雖取古人之陳言入於翰墨，如靈丹一粒，點鐵成金也。」（《豫章黃先生文集》卷十九）

8.學老杜之無一意一事不可入詩及務去陳言。清劉熙載云：「無一意一事不可入詩者，唐則子美，宋則蘇、黃。」又云：「陳言務去，杜詩與韓文同，黃山谷、陳后山學杜在此。」（並見

《藝概》卷二）

9.學老杜之瘦勁。胡應麟云：「昔人評郊、島非附寒澀，無所置材。余謂黃、陳學杜瘦勁，亦其材近之耳。」（《詩藪》內編卷五）

10.學杜詩之粗俗，即以俗爲雅。張戒云：「世俗見子美詩之粗俗，不知粗俗語在句中最難；非粗俗，乃高古之極也。自曹、劉死，至今一千年，惟子美一人能之……近世蘇、黃亦喜用俗語，然時用之，亦頗安排勉強，不能如子美胸襟流出也。」（《歲寒堂詩話》卷上）

11.學杜詩之生辣苦澀，風調清新。方東樹云：「朱子論（杜甫）夔詩，猶其論『九章』耳，非必苦訾之也。乃劉辰翁評〈歲晏行〉曰：『子美晚年詩，多亂雜無次。山谷專此等，流弊至不可讀。』夫山谷所主，特愛其生辣苦澀，風調清新，豪宕感激，亦菖歜之嗜耳，夫豈齷齪文士所知。」（《昭昧詹言》卷八）

12.學杜之陰陽開合，全在作用。方東樹云：「山谷之學杜，絕去形摹，全在作用，意匠經營，善學得體，古今一人而已。」又云：「欲知黃詩，須先知老杜；眞能知杜，則知黃矣。杜七律所以橫絕諸家，只是沈著頓挫，恣肆變化，陽開陰合，不可方物。山谷之學，專在此等處，所謂作用。」（同上卷二十）

以上十二項爲庭堅下工夫最深之處。庭堅傾其全力步趨老杜，然則庭堅所學之成果如何？於此，仍從歷代各家的說法加以考查：

1.登少陵之堂，入子美之室者，如清田雯〈論詩〉云：「宋梅、歐、王、蘇、黃、陸諸家，亦無不登少陵之堂，入昌黎之室。」（《古歡堂集》雜著卷一）又如張戒云：「作粗俗語，倣杜子美，作破律句，倣黃魯直，皆初機爾；必欲入室升堂，非得其意則不可……魯直自以爲入子美之室，若〈中興碑〉詩，則眞可謂入子美之室矣。」（《歲寒堂詩話》卷上）

2.造老杜渾成之境者，如宋朱弁云：「李義山擬老杜詩云：『歲月行如此，江湖坐渺然。』眞是老杜語也。其他句……置杜集中亦無愧矣，然未似老杜沈涵汪洋筆力有餘地。義山亦自覺，故別立門戶成一家。後人挹其餘波，號西崑體，句律太嚴，無自然態度。黃魯直深悟此理，乃獨用崑體工夫，而造老杜渾成之地，今之詩人少有及者，此禪家所謂更高一著也。」（《風月堂詩話》卷下）

3.全篇似杜者，如方東樹評庭堅〈題落星寺〉詩云：「全撫杜……筆勢往復展拓，頓挫起落。薑塢先生云：『撐挺嘻嗽，山谷獨得處。』」又云：「此摹杜公〈終明府水樓〉，音節氣味逼肖，而別出一段風趣。大約杜公無不包有山谷，讀杜則可不必讀山谷。然不讀山谷，則不悟學杜門徑，政可微會深思。」（並見《昭昧詹言》卷十二）

4.從杜、韓脫化而出，自成一家者，如田雯云：「山谷詩從杜、韓脫化而出，創新闢奇，風標娟秀，陵前轢後，有一無兩。宋人尊爲江西詩派，與子美俎豆一堂，實非悠謬。」（《古歡堂

集》雜著卷二〈論五言古詩〉）

5.句格似杜、韓者，如方東樹云：「山谷之似杜、韓，在句格，至縱橫變化則無之。」（《昭昧詹言》卷一）

6.似杜之氣象者，如清查慎行云：「〈登快閣〉：『澄江一道月分明』，極似杜家氣象。」（《初白菴詩評》卷下《瀛奎律髓》評）

7.得杜之神者，如清黃爵滋評庭堅〈迎醇甫夫婦〉詩云：「篇法句意，得杜之神。」（《讀山谷詩集》〈律詩〉）

8.得杜之格律者，如張戒云：「黃魯直自言學杜子美……魯直學子美，但得其格律耳。」（《歲寒堂詩話》卷上）

9.得杜之奧峭者，如清施補華云：「少陵七律，無才不有，無法不備……山谷學之，得其奧峭。」（《峴傭說詩》）

10.得杜之骨者，如黃爵滋評庭堅〈以團茶洮州綠石研贈無咎文潛〉詩云：「此詩得李之神，得杜之骨。」（《讀山谷詩集》〈七言古〉）

11.得杜之意者，如清王士禎云：「宋、明以來，詩人學杜子美者多矣，予謂……魯直得杜意。」（《池北偶談》）

12.得杜聲調之偏者，如胡應麟云：「宋黃、陳首倡杜學，然黃律詩得杜聲調之偏者，其語未

嘗有杜也。」（《詩藪》內編卷三）

13.得杜之變而不得其正者，如胡應麟云：「蘇、黃矯晚唐而爲杜，得其變而不得其正，故生澀嶒峻而乖大雅。」（同上外編卷五）

14.粗硬寡味，學杜之過者，如方東樹評庭堅〈戲贈彥深〉詩云：「『君不見』以下，終是粗硬寡味，學杜之過。」（《昭昧詹言》卷十二）

綜上可知，自來詩人評詩，無一定之標準，各憑己見，褒貶皆所不免。總之，像清潘德輿所說的「老杜詩法，得其全者無一人，若得其一節以名世者，亦有之矣。唐之義山，宋之山谷，皆是也。」[58]及清金武祥所說的「李義山極不似杜，而善學杜者無過義山；黃山谷極不似杜，而善學杜者無過山谷。以山谷配杜，固不必也，然山谷詩處處皆杜法也」[59]那樣，可謂眞知庭堅者。庭堅之學杜，從杜詩脫出而自成一家，張戒說得好：「子美之詩，得山谷而後發明。」

二、庭堅之拗體得杜衣鉢[60]

「拗」是「律」相對的名稱。「律」是指聲調之合於規律；「拗」是指聲調之不合規律。近體詩之格律甚嚴，詩人作詩必遵守之，然按規格一成不變，則必流於衰弱，若偶於適當之處下一拗字，可使詩句在妥貼中表現出峻直之風，收到健而多奇的效果。宋范晞文《對床夜語》云：「五言律詩，固要貼妥，然貼妥太過，必流於衰。苟時能出奇，於第三字中下一拗字，則貼妥中隱然有峻直之風。老杜有全篇如此者，試舉其一云：『帶甲滿天地，胡爲君遠行？親朋盡一哭，鞍馬去孤城。草木歲月晚，關河霜雪清。別離已昨日，因見古人情。』……其他變態不一，卻在臨時斡旋之何如耳。苟執以爲例，則盡成死法矣。」[61]

元方回《瀛奎律髓》云：「拗字詩，在老杜集七言律詩中，謂之吳體。老杜七言律一百五十九首，而此體凡十九出，不止句中拗一字，往往神出鬼沒，雖拗字甚多，而骨骼愈峻直。」[62]

以上所舉，范氏僅提及拗字用於「五言律詩」及「於第三字中下一拗字」，而方回則僅提及用於「七言律詩」，但已擴充到「不止句中拗一字」，甚至不規則，如神出鬼沒。拗字的作用，除聲調動聽、骨骼峻峭外，還有一個最大作用，即幫助感情的表現，黃永武教授說：「試就范氏所舉杜甫的送遠詩來分析，發現許多該平的關鍵字，卻用仄聲；該仄的關鍵字，卻用平聲。本詩該平用仄，表現出一股悲抑呑聲的情感，該仄用平，造成平聲字特別突出、特別強烈的感覺。拗救的極致，就在能與感情發生密切的關聯。」[63]

拗體本出於杜甫，而庭堅學之，成爲其詩之特色。庭堅之五、七言律詩多拗體，茲將其拗句摘出，並參照黃永武教授[64]與張夢機教授[65]的分析法，分爲單拗與雙拗，加以釐析。

㈠**單拗**：「單拗」就是只拗一句的。拗有一定的規則，故拗必須救，拗而不救就是落調。單拗的救法是在本句自救，與上下句無關聯。

甲、五言平起出句之救法

*1.*拗第三字者：五言平起出句（平平平仄仄）的第三字如果拗作仄，即成「平平仄仄仄」的形式。如果下句（仄仄仄平平）施以拗救，即成「仄仄平平平」的三平落腳的古詩格調，爲避免「古律混淆」，故可不救，但第一字必平，以防「孤平」，如「平津善牧豕，佽飛能斬蛟。」（內集卷十四：次韻楊明叔見餞十首之二）

*2.*拗第四字者：五言平起出句（平平平仄仄）的第四字如果拗作平，則第三字必仄，即「平仄」易爲「仄平」，否則就落調，是本句自救之法，如「相如用全趙，留侯開有漢。」（同上卷四：和邢惇夫秋懷十首之五）

乙、五言平起落句之救法

五言平起落句（平平仄仄平）的第一字如果拗作仄，則第三字必平，即成「仄平平仄平」的形式，如果第三字不改爲平聲，則第二字就成了「孤平」，是本句自救之法，如「惟有無心子，白雲相與期。」（外集卷五：以同心之言其臭如蘭爲韻寄李子先八首之三）

丙、七言仄起出句之救法

七言句只是在五言句的頭節上加上「平平」或「仄仄」而已，其救法與五言相同，五言句拗第三字者，七言句則拗第五字；五言句拗第四字者，七言句則拗第六字。

*1.*拗第五字者：七言仄起出句（仄仄平平平仄仄）的第五字如果拗作仄，即成「仄仄平平仄仄仄」的形式，下句（平平仄仄仄平平）可不必救，其道理與五言拗第三字者同，如「萬里相看

忘逆旅，三聲清淚落離觴。」（內集卷十二：和答元明黔南贈別）

*2.*拗第六字者：七言仄起出句（仄仄平平平仄仄）的第六字如果拗作平，則第五字必仄，即「平仄」易爲「仄平」，其救法與五言句拗第四字者同，如「爲吏三年弄文墨，草茱心徑失耕鋤。」（外集卷十二：再次韻兼簡履中南玉三首之三）

丁、七言仄起落句之救法

七言仄起落句（仄仄平平仄仄平）的第三字如果拗作仄，則第五字必平，即成「仄仄仄平平仄平」的形式，其救法與五言平起落句相同，如「山中雨熟瓜芋田，喚取小僧休乞錢。」（內集卷六：僧景宜相訪寄法王航禪師）

㈡**雙拗**：「雙拗」就是上下兩句對拗，搭配的情形，即上句拗第幾字，下句也在那個部位拗一字，稱爲一拗一救；又有句中拗兩字的，其搭配的情形，則少有兩句中部位相同的字互相對拗的。

甲、五言仄起出句之救法

五言平起出句爲單拗，五言仄起始有雙拗。

*1.*拗第三、四字者：五言仄起出句（仄仄平平仄），第三、四字作仄，則成五仄，或「平仄仄仄仄」者，都應於下句第三字以平聲救轉，如「索索葉自雨，月寒遙夜闌」（內集卷十：戲答兪清老道人寒夜三首之一）的出句第三、四字本應平聲，而拗作仄，即成五仄，故下句的第三字

用「遙」平聲字救轉，否則爲落調。又律詩凡五仄句中須有入聲字，音調才動聽[66]，如上例出句的「索」、「葉」等皆入聲字。

2.拗第四字者：五言仄起出句（仄仄平平仄）的第四字本應平而拗作仄，故下句（平平仄仄平）的第三字宜以平聲救轉，即成「仄仄平仄仄，平平平仄平」的形式，如「學省非簿領，臥痾常閉關。」（外集卷二：呻吟齋睡起五首呈世弼之二）

3.拗第三字者：五言仄起出句（仄仄平平仄）的第三字如果拗作仄，則下句（平平仄仄平）的第三字宜以平聲救轉，即成「仄仄仄平仄，平平平仄平」的形式，如「愛酒醉魂在，能言機事疎。」（內集卷四：和答錢穆父詠猩猩毛筆）出句第三字宜平而拗仄，故下句第三字以平聲救轉；又如「掃雪我三日，御風君過旬。」（同上卷十六：次韻高子勉十首之八）下句的「君」除救上句的拗仄外，還救本句第一字「御」的拗仄，是爲本句自救。

乙、七言平起落句之救法

七言仄起出句爲單拗；七言平起出句始有雙拗。

1.七言平起出句（平平仄仄平平仄）的第五字如果拗作仄，則下句（仄仄平平仄仄平）的第五字必以平聲救轉，即成平平仄仄仄平仄，仄仄平平平仄平」的形式，其救法與五言仄起出句拗第三字者同，如「鎖江亭上一樽酒，山自白雲江自橫。」（同上卷十三：再次韻兼簡履中南玉三首之三）

2.拗第五、六字者：七言平起出句（平平仄仄平平仄）的第五、六字宜平而仄，故下句（仄仄平平仄仄平）的第五字必以平聲救轉，即成「平平仄仄仄仄仄，仄仄平平平仄平」的形式，如「李侯畫骨不畫肉，筆下馬生如破竹。」（同上卷九：和子瞻戲書伯時畫好頭赤）

綜上所述，稍可窺出庭堅在五、七言律詩中用拗律之梗概，其拗句多合乎拗救規則，拗而救之，音調仍鏗鏘，故方回評其「次韻答高子勉」詩之「久立我有待，長吟君不來」句云：「以『我』對『君』，雖非字之工者，亦見拗句之健。」[67]此詩爲五言仄起出句之拗救，可說合乎規則。庭堅不僅律詩法杜，甚至絕句亦用之，故有「黃、陳律法杜可也，至絕句亦用杜體，七言小詩，遂成突梯謔浪之資，唐人風韻，毫不復觀，又在近體下矣」[68]之譏。庭堅之拗體，雖不免被後人評爲「矯之過甚」、「終非詩之正調」[69]，然此體脫胎自老杜，庭堅仍不愧是「得杜衣鉢」者。

伍、結語

黃庭堅，持己嚴謹，飽讀詩書，年二十四，成進士第，始登仕途。然因局勢動盪，受新黨奸臣之陷害，舊黨友人之牽連，於宦海浮沉，不甚得意。晚年流竄宜州，卒時僅友人范寥在側，在境遇之悽慘，鮮有能與之相比者。然他傾其畢生之精力於詩文上，成爲宋代詩壇之巨星，江西詩派諸君子，將之配饗杜甫，不是沒有原因的。

庭堅大量摘取前人之語辭、語意入詩，用以實踐其「以故為新」之理論，名為「點鐵成金」、「奪胎換骨」，雖不免受到責難，然要不愧為「無一字無來處」⑳，亦可見其在詩法上所下工夫之深、在作詩之道路上所留下踏實的腳印。他垂示後進之清規戒律，被江西諸君子奉為作詩論詩之圭臬。在南北宋之際的呂本中，正式提出「江西詩派」名稱時，遂被列為此詩派之成員；宋末元初的詩評家方回，倡一祖三宗之說，更將他推為三宗之一。姑不論江西詩派的影響是好是壞，但言影響之深遠，是無人可及的，誠如今人傅璇琮所說：「在北宋末年以及整個南宋時期，幾乎沒有一個稍有成就的詩人不和它在創作上有過或多或少的聯繫，而且它的影響也帶到南宋的詞壇上去，在某些詞人的作品中染上了這個流派所特有的那種色彩（如姜夔）。詩歌史的材料說明，一直到晚清時期，它的理論和主張在相當多的作家中還有著較大的支配力，同光體詩人所標榜的『宋詩』，其實質就是江西派詩。」㉑庭堅詩影響到江西詩派，而江西詩派又影響到北宋末年及整個南宋之詩壇，同時也帶到南宋的詞壇上，甚至到晚清時期，還有不少詩人受其餘威之支配。

黃庭堅詩不但源遠流長，且受其影響者代有名家。他在北宋詩壇之地位雖不及蘇軾，且後世對其詩之評價亦褒貶參半，然對後世影響來說，他卻遠超過蘇軾。總之，黃庭堅在開闢宋詩的道路上踏踏實實、全力以赴的精神，在中國詩歌史上，必得其地位。

註

①見龔鵬程《江西詩社宗派研究》頁一〇六至一一三。文史哲出版社。

②宋蘇舜欽語，見〈石曼卿集序〉，《蘇學士文集》卷十三收。四部叢刊初編本。

③見《豫章黃先生文集》卷二十四。宋黃庭堅撰，四部叢刊影嘉興沈氏藏宋刊本。

④〈牧童〉詩與〈送人赴舉〉詩並見《山谷詩集》別集卷上。《山谷詩集》與註後世並傳。內集註，宋任淵撰；外集註，宋史容撰；別集註，宋史季溫撰。清乾隆五十四年南康謝氏刊本。

⑤黃庭堅初婚年齡，議者紛紜，據庭堅自作〈黃氏二室墓誌銘〉云：「豫章黃庭堅之初室曰蘭溪縣君孫氏，故龍圖閣直學士高郵孫公覺莘老之女，年十八歸黃氏。……不幸二十卒。」按庭堅長蘭溪六歲，即庭堅初婚年齡爲二十四歲。

⑥此事見於〈思親汝州作〉詩中之「歲晚寒侵遊子衣，拘留幕府報官移」；〈還家呈伯氏〉詩中之「強趨手板汝陽城，更責愆期被訶詬。」以上二首並見《山谷詩集》外集卷一。

⑦見《山谷詩集》外集卷三。

⑧同上書內集卷一。據本詩之繫年云：「山谷之甥洪炎玉父，編其舅文集，斷自退聽堂始，退聽以前，蓋不復取，獨取古風二篇，冠詩之首，且云以見魯直受知於蘇公有所自也。」

⑨見《豫章黃先生文集》卷二十一。

⑩ 根據《山谷年譜》之記載。宋黃畨撰，適園叢書覆明嘉靖本。

⑪ 見《豫章黃先生文集》卷二十。

⑫ 〈承天院塔記〉全文今不存，僅部分見於〈山谷先生別傳〉所引。

⑬ 見《山谷詩集》內集卷十九〈十二月十九日夜中發鄂渚，曉泊漢陽，親舊攜酒追送，聊為短句〉詩。

⑭ 見《豫章黃先生文集》卷二十五。

⑮ 事見《山谷詩集》內集卷二十〈和范信中寓居崇寧遇雨〉二首詩之記載。

⑯ 見《宜州乙酉家乘》序。黃庭堅撰，范信中序。知不足齋叢書收長塘鮑氏開雕本。

⑰ 《江西詩派小序》，宋劉克莊撰，知不足齋叢書覆桐華館宋本。

⑱ 見《山谷題跋》卷九。宋黃庭堅撰，津逮秘書收汲古閣本。按《李太白全集》卷八〈秋浦歌〉有十七首。明宋濂所見為十七首：「右太史黃公書李白秋浦詩，凡十七首。」（見《宋學士全集》卷十四〈跋黃魯直書〉）但庭堅自言「十五篇」，宋氏所見為「十七首」，不知是庭堅之眞蹟抑或後人所書，待考。

⑲ 見《周益國文忠公集》〈平園續稿〉卷八。宋周必大撰，清道光二十八年廬陵歐陽棨刊咸豐元年續刊本。

⑳ 見《桐江續集》卷三。元方回撰，四庫全書珍本初集本。

㉑ 見《豫章黃先生文集》卷十九〈與徐師川書四首〉之一。

㉒ 見《十八家詩鈔》卷二十三。清曾國藩纂，李鴻章訂，王有宗評註，華文書局。

㉓ 見《豫章黃先生文集》卷二十六〈題李白詩草後〉。又見宋胡仔《苕溪漁隱叢話》前集卷五。

㉔見《山谷別集》卷六。
㉕見《歲寒堂詩話》卷上。宋張戒撰，清武英殿聚珍叢書本。
㉖同註㉔。
㉗見《宋金四家文學批評研究》第二篇〈黃庭堅的文學批評研究〉第三節〈李杜〉。聯經出版事業公司。
㉘《西清詩話》，宋蔡條撰，宋詩話輯佚本。
㉙見《山谷詩集》外集卷九。
㉚同上卷十四。
㉛見《冷齋夜話》卷三「山谷集句貴拙速不貴巧遲」條。宋惠洪撰，津逮秘書本。
㉜《詩人玉屑》卷八有「沿襲」一條。宋魏慶之撰，中華書局一九五九年版。
㉝同上書「襲全句」條引宋胡仔《苕溪漁隱叢話》語。
㉞見梁劉勰《文心雕龍》通變篇。明倫出版社。
㉟《詩人玉屑》卷八有「述者不及作者」一條。
㊱庭堅曾以此語教導其外甥洪駒父。見《豫章黃先生文集》卷十九〈答洪駒父書三首〉之二。
㊲見《詩人玉屑》卷八「不沿襲」條。
㊳同上書卷七「反其意而用之」條。
㊴同上書，引《小園解后錄》語。

㊵見《山谷詩集》內集卷十七，此詩「天生大材竟何用」句之任淵註。
㊶見《中國文學批評史》第六編〈兩宋文學批評史〉。羅根澤撰，明倫出版社。
㊷見《冷齋夜話》卷一：《詩人玉屑》卷八「奪胎換骨」條記之，文字有小異。
㊸見《詩人玉屑》卷八「當有別意」條引宋嚴有翼《藝苑雌黃》語。
㊹見《童蒙詩訓》「魯直詩之成就處」條。宋呂本中撰，宋詩話輯佚本。
㊺見《詩人玉屑》卷八「陵陽論山谷詩」條引宋范季隨《陵陽先生室中語》語。
㊻見《宋詩精華錄》卷二「題竹石牧牛」條。清陳衍撰，商務印書館一九三七年排印本。
㊼見《石遺室文集》卷十七。清陳衍撰，一九一三年刊本。
㊽見《詩人玉屑》卷八「用古人意」條。
㊾見《山谷詩集》內集卷一，此詩「落筆九天上」句之任淵註。
㊿同上書外集卷二，此詩「爰居端不饗」句之史容註。
51見《後山集》卷二。宋陳師道撰，中華書局四部備要本。
52見《詩式》「三不同語意勢」條。唐釋皎然撰，歷代詩話本。
53借張戒語。《歲寒堂詩話》卷上：「子美之詩，得山谷而後發明。」宋張戒撰，清武英殿聚珍叢書本。
54見《七言律詩鈔》卷首。清翁方綱撰，蘇齋叢書本。
55借陳師道語，見《後山詩話》。宋陳師道撰，津逮秘書本。

56 見《豫章黃先生文集》卷二十一〈與趙充伯〉。
57 見《昭昧詹言》卷一。清方東樹撰，人民文學出版社一九六一年版。
58 見《養一齋詩話》卷二。清潘德輿撰，清道光二十九年刊本。
59 見《粟香隨筆》卷五。清金武祥撰，清光緒二十一年刊本。
60 借周亮工語。《書影》卷二：「而擬議其橫空排奡，奇句硬語，以為得杜衣鉢，此所謂旁門小徑也。」清周亮工撰，古典文學出版社一九五七年版。
61 見《對床夜語》卷二。宋范晞文撰，歷代詩話續編本。
62 見《瀛奎律髓》卷二十五「拗字類」。元方回撰，懺英菴叢書本。
63 見《中國詩學》設計篇頁一一九。黃永武撰，巨流圖書公司。
64 同上書設計篇頁一一八—一二一及鑑賞篇頁一七八—一八六。
65 見《古典詩的形式結構》「聲律的拗與救」頁一〇三—一二八。張夢機撰，尚友出版社。
66 見《聲調譜》。清趙執信撰，清詩話本。
67 同註62。
68 見《詩藪》外編卷五。明胡應麟撰，中華書局一九五八年版。
69 見《七言律詩鈔》凡例：「自杜公已有俳偕、吳體之作，晚唐諸人僅於句中平仄微見互換，非此例也，至山谷而矯之過甚矣。然終非詩之正調……。」

⑳ 庭堅語，見《豫章黃先生文集》卷十九〈答洪駒父書〉：「老杜作詩，退之作文，無一字無來處，蓋後人讀書少，故謂韓杜自作此語耳。」

㉑ 見《黃庭堅和江西詩派卷》〈前記〉。傅璇琮編，北京中華書局《古典文學研究資料彙編》。

蘇洵文選析評

六國論

六國①破滅，非兵不利，戰不善，弊在賂秦②。賂秦而力虧③，破滅之道也。或曰：「六國互喪④，率⑤賂秦耶？」曰：「不賂者以賂者喪，蓋失強援不能獨完，故曰，弊在賂秦也。」秦以攻取⑥之外，小則獲邑，大則得城。較秦之所得，與戰勝而得者，其實百倍；諸侯之所亡，與戰敗而亡者，其實亦百倍；則秦之所大欲，諸侯之所大患，固不在戰矣。思厥先祖父，暴霜露，斬荊棘⑦，以有尺寸之地。子孫視之不甚惜，舉⑧以予人，如棄草芥。今日割五城，明日割十城，然後得一夕安寢。起視四境，而秦兵又至矣。然則，諸侯之地有限，暴秦之欲無厭⑨，奉之彌繁，侵之愈急，故不戰而強弱勝負已判矣。至于顛覆⑩，理固宜然。古人⑪云：「以地事秦，猶抱薪救火，薪不盡，火不滅。」此言得之。

齊人未嘗賂秦，終繼五國遷滅⑫。何哉？與嬴⑬而不助五國也。五國既喪，齊亦不免矣。燕趙之君，始有遠略，能守其土，義不賂秦。是故燕雖小國而後亡，斯用兵之效也。至丹以荊卿爲計⑭，始速禍焉。趙嘗五戰于秦，二敗而三勝⑮。後秦擊趙者再，李牧⑯連卻之。洎⑰牧以讒誅，邯鄲爲郡⑱，惜其用武而不終也。

且燕、趙處秦革滅殆盡⑲之際，可謂智力孤危，戰敗而亡，誠不得已。向使三國⑳各愛其地，齊人勿附于秦，刺客不行，良將猶在，則勝負之數㉑，存亡之理，當與秦相較，或未易量。嗚呼！以賂秦之地，封天下之謀臣；以事秦之心，禮天下之奇才；并力西嚮，則吾恐秦人食之不得下咽也。悲夫！有如此之勢，而爲秦人積威之所劫㉒，日削月割，以趨於亡。爲國㉓者，無使爲積威之所劫哉！夫六國與秦皆諸侯，其勢弱於秦，而猶有可以不賂而勝之之勢；苟以天下之大，下而從六國破亡之故事，是又在六國下矣。

【題　解】

本篇論戰國時燕、趙、韓、魏、齊、楚六國爲秦所滅之原因，在不能合縱抗秦，而紛紛割地以媚敵，使秦得以不戰而日強。老蘇立論目標，蓋深惜澶淵之役，眞宗厭兵，不從寇準邀擊。坊本謂在諷刺北宋仁宗對遼對西夏之賂敵退縮政策。殊不知仁宗朝，僅使富弼增輸銀二十萬，並未賂地。至賂地西夏，乃神宗熙寧七年事，時老蘇已死九年矣，安能預知日後事哉？

【校　勘】

暴霜露：明黃氏本「暴」作「曓」，蓋古字也。

舉以予人：明凌氏本「予」作「與」，「予」「與」通。

如棄草芥：明凌氏本「芥」作「莽」，以「芥」爲正。

下而從六國破亡之故事：《古今文選》，凌本無「下」字，黃氏刊本「而」上有「下」字，以有「下」字勝。

【注釋】

① 六國：戰國時六強國：齊、楚、燕、趙、韓、魏。後均爲秦所滅。齊，田姓，都臨淄。略有今山東及河北東部地，地方二千餘里，甲士數萬人。楚，熊繹之後，都郢，略有今湖南、湖北、安徽、江蘇、浙江及四川巫山以東，廣西蒼梧以北，陝西洵陽以南地，地方五千餘里，甲士百萬。燕，召公之後，都薊。略有今河北、遼寧、及朝鮮北部地，地方二千餘里，甲士數十萬人。趙，趙籍之後，都邯鄲，略有今山西、河北一部，河南北部，地方人二千餘里，甲士數十萬人。韓，韓虔之後，都平陽，後徙都鄭，略有今河南西北部，陝西東部，地方九百餘里，甲士數十萬人。魏，魏斯之後，都安邑，後徙大梁，略有今山西西南部，河南一部，地方千里，甲士數十萬人。

② 賂秦：以財物與人曰賂。秦都咸陽，略有今陝西、甘肅兩省及青海、四川一部。

③ 虧：減損。

④ 互喪：喪，滅亡。互，指由彼而此，由此而彼之相牽連。猶今語「一個接一個的滅亡了。」

⑤ 率：一概，全部。

⑥ 以攻取：用戰爭奪取。

⑦ 暴霜露，斬荊棘：暴，音ㄆㄨˋ。有「冒著」「不避」之意。二句喻創業之艱難。

⑧ 舉以予人：舉，皆也。

⑨ 厭：滿足也。

⑩ 顛覆：被推翻，即亡國。

⑪ 古人：指蘇代。古人云，即魏安釐王四年，蘇代告魏王之語。按：孫臣亦向魏安釐王作同類進言。（見《史記・魏世家》及《戰國策・魏策三》）

⑫ 遷滅：遷，貶謫也。秦始皇二十六年（西元前二二一年）滅齊，遷齊王建於共（今河南輝縣）。（見《史記・秦始皇本紀》）

⑬ 與嬴：與，助也。《孟子》：「故君子莫大乎與人爲善。」嬴，秦姓。與嬴，助秦也。

⑭ 至丹以荊卿爲計：丹，指燕王喜太子丹。荊卿，即荊軻，衛人。（見《史記》〈燕召公世家〉及〈刺客列傳〉）

⑮ 趙嘗五戰……二敗而三勝：秦、趙屢戰，其勝敗不只二、三，較重要者有五：一、周烈王五年（西元前三七一年）趙與秦戰於高安，敗之。二、慎靚王四年（西元前三一七年）秦敗趙，斬首八萬級。三、赧王四十五年（西元前二七〇年）秦圍趙閼與，趙將趙奢大敗之。四、赧王五十五年（西元前二六〇年）秦圍趙

上黨，趙括戰敗。秦坑殺趙降卒四十餘萬，且進逼邯鄲。五、赧王五十九年（西元前二五六年）趙樂乘破秦信梁軍。《史記・蘇秦傳》：「秦趙五戰，秦再勝，而趙三勝。」如明允係隱用蘇秦語，則蘇秦說燕文侯在周顯王三十五年（西元前三三四年），二敗三勝當係指趙成侯時之五次戰役。第一次在周烈王五年（西元前三七一年）趙秦戰於高安，趙勝。第二次在顯王五年（西元前三六四年）秦攻魏，趙救之，敗。第三次在顯王六年，趙救魏破秦。第四次在顯王八年，趙與韓攻秦，勝之。第五次在顯王十八年秦攻趙，拔藺。

⑯ 李牧：趙名將，守北邊威震匈奴。秦始皇十三年（西元前二三四年）趙以李牧為將，破秦軍於宜安（今河北藁縣），封為武安君。後秦攻番吾（今河北平山），李牧又擊破之。至始皇十八年（西元前二二九年）秦使王翦攻趙，仍為李牧所阻。秦乃縱反間計，言李牧欲反。牧遂被誅。三月後，即始皇十九年，秦遂滅趙。（見《史記・趙世家》）

⑰ 洎：時間副詞，到也，及也。

⑱ 邯鄲為郡：秦滅趙後，趙都邯鄲，置為秦郡。

⑲ 殆盡：幾盡也。

⑳ 三國：韓、魏、楚。《古今文選》注為齊、燕、趙，誤。

㉑ 數：定數也。

㉒ 積威之所劫：積威，久積之威勢。劫，挾制，脅迫。

㉓下而從六國破亡之故事：下，降低，指大宋朝將已降低到六國之地位。句謂降低自己大國身分而重蹈六國滅亡之覆轍。

【評析】

老蘇、小蘇各有〈六國論〉一文，大蘇之〈戰國任俠論〉篇名雖有不同，實亦六國論。三篇之作，以文章氣勢論，當以老蘇爲勝；以見解論，當以大蘇爲勝。老蘇此篇，一開始即斷定賂秦之弊，繼者逐次分提六國破滅之原因，雖有縱橫家之見，但終以正理作爲結論，痛宋人不事自強，唯是賂敵以幣帛，民困日深，國庫日虛，一種憂國憂民之情懷，躍然紙上，讀之令人擊節而起。

高祖論

漢高帝挾數用術①，以制一時之利害，不如陳平；揣摩②天下之勢，舉指搖目③，以劫制④項羽，不如張良。微此二人，則天下不歸漢，而高帝乃木強之人⑤而止耳。然天下已定，後世子孫之計，陳平、張良智之所不及，則高帝常先爲之規畫處置，使夫後世之所爲，曉然如目見其事而爲之者。蓋高帝之智明於大而暗於小，至於此而後見也。

帝常語呂后曰：「周勃厚重少文，然安劉氏必勃也，可令爲太尉。」⑥方是時劉氏既安矣，勃又將誰安邪？故吾之意曰：「高帝之以太尉屬勃也，知有呂氏之禍⑦也。」雖然，其不去呂后何也？勢不可也。昔者武王沒，成王幼，而三監叛⑧。帝意百歲後將相大臣，及諸侯有武庚祿父⑨者，而無有以制之也。獨計以爲家有主母，而豪奴悍婢⑩，不敢與弱子抗。呂后佐帝定天下，爲大臣素所畏服，獨此可以鎭壓其邪心，以待嗣子之壯。故不去呂后者，爲惠帝計也。呂后既不可去，故削其黨以損其權，使雖有變而天下不搖。是故以樊噲⑪之功，一旦遂欲斬之而無疑。嗚呼！彼豈獨於噲不仁耶？且噲與帝偕起，拔城陷陣，功不爲少矣。方亞父嗾項莊⑫時，微噲誚讓⑬羽，則漢之爲漢，未可知也。一旦人有惡噲欲滅戚氏⑭者，時噲出伐燕，立命平、勃即軍中斬之。夫噲之罪未形也，惡之者誠僞未必也，且高帝之不以一女子斬天下之功臣，亦明矣。彼其娶於呂氏，呂氏之族若產、祿輩皆庸才不足卹，獨噲豪健，諸將所不能制，後世之患，無大於此矣。

夫高帝之視呂后也，猶醫者之視堇⑮也，使其毒可以治病，而無至於殺人而已矣。樊噲死，則呂氏之毒將不至於殺人，高帝以爲是足以死而無憂矣；彼平、勃者，遺其憂⑯者也。噲之死於惠之六年也天⑰也，彼其尚在，則呂祿不可紿⑱，太尉不得入北軍矣。或謂噲於帝最親，使之尚在，未必與產、祿叛。夫韓信、黥布、盧綰，皆南面稱孤，而綰又最爲親幸。然及高祖之未崩也，皆相繼以逆誅。誰謂百歲之後，椎埋⑲屠狗之人，見其親戚乘勢爲帝王，而不欣然從之邪？吾故曰：「彼平、勃者，遺其憂者也。」

【題解】

〈高祖論〉或作「〈高帝論〉」。

高祖，劉邦之廟號也。劉邦爲西漢開國皇帝，功勞最高，因尊之爲「高皇帝」，簡稱「高帝」，建立「高祖廟」，因稱漢高祖。本文爲「〈權書〉」十篇中最末一篇。其立論著重在高祖欲斬樊噲一節上，以斬樊噲所以制強臣、安劉氏耳，雖有深文之處，第其文起落轉接，條理分明，不得以其論之偏而棄之也。

【校　勘】

高帝常先爲之規畫處置，使夫後世之所爲，曉然如目見其事而爲之者：明巾箱本「使夫」作「以中」，明崔邦亮大梁刊本、明黃氏刊本均同。仍以「使夫」爲正。

立命平勃即軍中斬之：明巾箱本及淩氏刊本均有「軍中」二字，黃氏刊本與現行坊本無「軍中」，以有「軍中」爲正，蓋上有「立」字，「即」字下無「軍中」一詞，不是「立」字多餘，則是「即」字多餘。

彼其尚在：明黃氏刊本、巾箱本均作「彼其尚在」，淩氏本「彼」作「使」。清過商侯評本亦作「使」，以「使」爲正。

【注　釋】

① 挾數用術：掌握使用群臣之策略與手段。挾，掌握也，挾持也。數，亦術也。術，權術也。

② 揣摩：《戰國策．秦策》：「蘇秦得《太公陰符》之謀，伏而誦之，簡練以爲揣摩。」原意乃專心探求，

以期合於本旨。引伸爲考慮、估計、猜度。

③ 舉指搖目：指點觀望，意即出謀畫策，指揮作戰。

④ 劫制：威逼制服，引伸爲戰勝。

⑤ 木強之人：強，音ㄐㄧㄤˋ。木強，言性格耿直剛強如木之直立。

⑥ 太尉：官名。掌天下之兵者。

⑦ 呂氏之禍：呂祿、呂產作亂，周勃將北軍分部，悉捕諸呂男女無少長皆斬之。（見《史記・呂后本紀》）

⑧ 三監叛：武王滅殷，以殷之畿內千里，分封武庚、管叔、蔡叔監督殷民。成王立，年幼，周公攝政，三監叛，周公東征，平之。（見《史記・周本紀》）

⑨ 祿父：武庚之封號也，即稱尙父之意。

⑩ 豪奴悍婢：豪，強橫也。悍，凶狠也。

⑪ 樊噲：漢沛人，初業屠狗；後從高祖起兵，屢立戰功，封賢成君。高祖即帝位，封舞陽侯，遷左丞相，卒謚武。（見《史記・樊酈滕灌列傳》）

⑫ 方亞父嗾項莊時：亞父，范增也，項羽稱之爲亞父。嗾，教唆也。項莊，項羽之從弟。（見《史記・項羽本紀》）

⑬ 誚讓：一作「譙」，以辭相責也。案：鴻門宴上，范增嗾使項莊舞劍，欲殺沛公。樊噲帶劍擁盾直入，瞋目視羽曰：沛公入咸陽，勞苦功高，未有封爵之賞，而聽細人之說，欲誅有功之人，竊爲將軍不取也，羽

無以應，沛公得間出。（見《史記・高祖本紀》）

⑭ 戚氏：戚夫人也，爲高帝所寵。

⑮ 堇：音ㄐㄧㄣˇ。藥名，即「烏頭」，適量可治病，過量則毒殺人。

⑯ 遺其憂：遺，忘也，指平勃忘高帝之所憂也。案：帝命平、勃即於軍中斬噲。平、勃畏呂后，執噲詣長安，至則高帝已崩，呂后釋噲，使復爵邑，是平、勃忘帝所憂也。（見《漢書・樊酈滕灌傅靳周傳》）

⑰ 天：邀天之幸也。

⑱ 紿：音ㄉㄞˋ，哄騙也。案：太后崩，諸呂欲爲亂時，太尉不得主兵。酈商子寄與呂祿善。周勃與陳平謀，使人劫商令寄紿祿，以兵屬太尉。（見《史記・呂后本紀》）

⑲ 椎理：發掘墳墓以取金寶也。

【評　析】

老蘇此文，下筆明快，無中生有之文法，固其爲文之特色，然文中斷定樊噲必欣然從諸呂爲叛，誠憑空架虛之論，莫須有之說，如讀者能反覆讀之，必有意外之收穫也。

春秋論

賞罰者，天下之公也；是非者，一人之私也。位之所在，則聖人以其權爲天下之公，而天下以懲以勸①。道之所在，則聖人以其權爲一人之私，而天下以榮以辱②。周之衰也，位不在夫子，而道在焉；夫子以其權是非天下可也，而春秋賞人之功，赦人之罪，去人之族③，絕人之國④，貶人之爵⑤；諸侯而或書其名⑥，大夫而或書其字⑦；不惟其法，惟其意⑧；不徒曰此是此非，而賞罰加焉⑨。則夫子固曰，我可以賞罰人矣。賞罰人者，天子諸侯事也。夫子病天下之諸侯大夫，僭天子諸侯之事，而作《春秋》，而已則爲之，其何以責天下？

位，公也；道，私也；私不勝公，則道不勝位，位之權得以賞罰，而道之權不過於是非。道在我矣，而不得爲有位者之事，則天下皆曰位之不可僭也如此。不然，天下其誰不曰道在我？則是道者位之賊也。曰：「夫子豈誠賞罰之邪？徒曰賞罰之耳，庸何傷？」曰：「我，非君也，非吏也，執塗之人而告之曰：『某爲善，某爲惡，可也。』繼之曰：『某爲善，吾賞之，某爲惡，吾誅之。』則人有不笑我者乎？」夫子之賞罰，何以異此？

然則，何足以爲夫子，何足以爲《春秋》？曰：「夫子之作《春秋》也，非曰孔氏之書也，又非曰我作之也，賞罰之權，不以自與也。」曰：「此魯之書也，魯作之也。」有善而賞之，曰：「魯賞之也。」有惡而罰之，曰：「魯罰之也。」何以知之？曰：「夫子繫《易》，謂之〈繫辭〉⑩；言孝，謂之《孝經》；皆自名之，則夫子私之也。」而《春秋》者，魯之所以名史，而夫子託焉，而夫子公之也。公之以魯史之名，則賞罰之權，固在魯矣。《春秋》之賞罰，自魯而及于天下，天子之權也。魯之賞罰不出境，而以天子之權與之，何也？曰：「天子之權在周，夫子不得已而以與魯也。武王之崩也，天子之位，當在成王。而成王幼，周公以爲天下不可以無賞罰，故不得已而攝⑪天子之位，以賞罰天下，以存周室。周之東遷也，天子之權，當在平王⑫，而平王昏。故夫子亦曰：天下不可無賞罰！而魯周公之國也，居魯之地者，宜如周公，不得已而假天子之權，以賞罰天下，以尊周室，故以天子之權與之也。」

然則假天子之權宜如何？曰：「如齊桓、晉文可也。」夫子欲魯如齊桓、晉文，而不遂以天子之權與齊、晉者，何也？齊桓、晉文陽爲尊周，而實欲強其國，故夫子與⑬其事，而不與其心。周公心存王室，雖其子孫不能繼，而夫子思周公，而許其假天子之權以賞罰天下。其意曰：「有周公之心，而後可以行桓、文之事。」此其所以不與齊、晉而與魯也。夫子亦知魯君之才，不足以行周公之事矣。顧其心以爲今之天下無周公，故至此。是故，以天子之權與其子孫，所以見思周公之意也。吾觀《春秋》之法，皆周公之法，而又詳內而略外，此其意欲魯法周公之所爲。且先自治而後治人也，明矣。

夫子歎禮樂征伐自諸侯出，而田恆⑭弒其君，則沐浴而請討。然則天子之權，夫子固明以與魯也。子貢之徒，不達夫子之意，讀經而書孔丘卒，夫子既告老矣，大夫告老卒不書，而夫子獨書，夫子作《春秋》以公天下，而豈私一孔丘哉？嗚呼！夫子以爲魯國之書，而子貢之徒，以爲孔氏之書也歟？遷、固之史有是非而無賞罰，彼亦史臣之體宜爾也，後之效夫子作《春秋》者⑮，吾惑焉。《春秋》有天子之權，天下有君，則《春秋》不當作。天下無君，則天子之權，吾不知其誰與？天下之人，烏有如周公之後之可與者？與之而不得其人則亂，不與人而自與則僭；不與人，不自與，而無所與則散。嗚呼！後之《春秋》，亂邪？僭邪？散邪？

【題解】

《春秋》，魯史記之名也。

孔子本「文王既沒，文不在茲乎」之意，因魯史策書成文，考其眞僞，而志其典禮，上以遵周公之遺制，下以明將來之法，其教之所存，文之所害，則刊而正之，以勸善戒惡，起自隱公元年，迄于哀公二十四年（西元前七二二—四五五年），凡歷隱、桓、莊、閔、僖、文、宣、成、襄、昭、定、哀十二公，共二百四十二年；旁及同時代周、齊、晉、秦、楚、宋、鄭、衛……等國事。（案：孔子沒於哀公十六年，而《左氏春秋》續至哀公二十七年智伯亡，或以爲戰國間阿趙氏者所爲，非也。古人傳師學者，續成其師之說，不改名其所續，《爾雅》、《管子》、《孟子》、《莊子》之屬皆然，不得以此並疑原著之人。）

本篇旨在論解孔子作《春秋》之本意，以辨正後人由於《孟子》「知我者，其惟《春秋》乎！罪我者，其惟《春秋》乎」之語所引致之誤解，以爲孔子無天子之位，而行天子賞罰之權，有僭竊之嫌。明允獨抒己見，以爲孔子修《春秋》，乃將天子之權，歸之於魯，假之於周公，以賞罰天下，而尊周室也。以《春秋》爲孔氏私人之書，乃後儒之謬見，不足爲法，獨闢畦徑，見解高越，爲明允六經論中最純正之作。

【校勘】

夫子豈誠賞罰之邪：明黃氏本「邪」作「耶」，今從「邪」。

不可以無賞罰：明黃氏本「罰」下有「亂」字，以無「亂」爲正。

而後可行桓、文之事：黃氏刊本「而」作「然」。今從「而」。

田恆：黃氏刊本、明巾箱本、凌氏刊本均作「田常」。案：田恆，《史記》作「田常」，《論語》、《左傳》均作「陳恆」。陳公子完奔齊，不欲稱其故國之號，以陳字爲田氏。故陳恆，田恆其實一也。《史記》改稱爲田常。蓋「恆」、「常」古音通義同。

【注釋】

① 以勸以懲：善者，從而獎勸之，以成其善。惡者，從而懲創之，以治其惡。

② 以榮以辱：善者，從而是之，人皆以爲榮。惡者，從而非之，人皆以爲辱。

③ 去人之族：如《春秋》叔孫僑如之例。族，氏族也。僑如，魯大夫，姓叔孫。以其擅命往迎齊婦，書法曰：僑如夫人婦姜至自齊，不書叔孫，而但書僑如，是之謂去其族也。（見《左傳》成公十四年）

④ 絕人之國：如《春秋》州公之例。州，國名。州公，名實，本是有國之君，後因國亂，如曹，遂不返國。其明年，朝於魯。書法曰：「實來。」以其失國，不書州公，而但書其名。是之謂絕其國也。（見《左傳》桓公五年、六年）

⑤ 貶人之爵：如《春秋》杞子之例。杞，本伯爵之國。以其朝魯而用夷禮，遂降伯爲子。書法曰：「杞子來

朝。」是之謂貶其爵也。（見《左傳》僖公七年）

⑥諸侯而或書其名：如衛侯燬滅邢之例。諸侯滅同姓之國，失親親之義，則名之。如邢與衛同姓，衛侯滅之。書法曰：「衛侯燬滅邢。」燬，衛侯名，是之謂書其名也。（見《左傳》僖公二十五年）

⑦大夫或書其字：如蔡季自陳歸于蔡之例。蔡季，本蔡公子而爲大夫者也，國人欲立以爲君，季不受，去之陳。其後國中既定，仍歸於蔡，以其有讓國之義，故書字以與之。書法曰：「蔡季自陳歸於蔡」，皆此之類也。（見《左傳》桓公十七年）

⑧不惟其法，惟其意：謂「意寓於法之中，法行於意之內」是也。

⑨不徒曰此是此非，而賞罪加焉：謂《春秋》不但書是非，而且加之以賞罰也。

⑩夫子繫《易》，謂之〈繫辭〉：夫子述文王、周公所作之《易》，觀卦爻之象，而繫以辭也。

⑪攝：兼代也。《左傳》隱公元年：「不書即位，攝也。」又昭公十三年：「羊舌鮒攝司馬。」注：「兼官也。」

⑫平王：幽王爲犬戎所殺。于是平王以戎勢漸盛，豐鎬舊都，與之逼近，恐被侵暴，不可久居，遂東遷雒邑。案：平王三十九年，即魯隱公之元年也。

⑬與：稱許也。

⑭田恆弒其君：齊陳成子弒其君簡公。孔子聞其事，是時雖已告老，仍齋戒沐浴而朝告哀公曰：「陳恆弒其君，雖齊國之亂賊，實天下之首惡，我魯義在鄰國，請興兵以討之。」（見《左傳》哀公十四年）陳，舜

之後。陳公子完得罪於陳而奔齊，更姓田，故名田恆。

⑮後之效孔子作春秋者：謂《呂氏春秋》，《吳越春秋》也。

【評析】

全文無中生有，破空立論，五辨五解，曲折反覆，首尾相應，枝葉相生，如引繩貫珠，意多而不亂，而要歸於一義，為千古絕唱。

管仲論

管仲相桓公，霸諸侯，攘①戎狄，終其身齊國富強，諸侯不叛。管仲死，豎刁、易牙、開方②用。桓公薨於亂③，五公子爭立④，其禍蔓延，訖簡公，齊無寧歲。

夫功之成，非成於成之日，蓋必有所由起；禍之作，不作於作之日，亦必有所由兆。則齊之治也，吾不曰管仲，而曰鮑叔；及其亂也，吾不曰豎刁、易牙、開方，而曰管仲，何則？豎刁、易牙、開方三子，彼固亂人國者，顧其用之者桓公也。夫有舜而後知放四凶⑤，有仲尼而後知去少正卯⑥。彼桓公何人也？顧其使桓公得用三子者，管仲也。仲之疾也，公問之相。當是時也，吾以仲且舉天下之賢者以對，而其言乃不過曰豎刁、易牙、開方三子非人情，不可近而已。嗚呼！仲以為桓公果能不用三子矣乎？仲與桓公處幾年矣，亦如桓公之為人矣乎？桓公聲不絕乎耳，色不絕乎目，而非三子者則無以遂其欲⑦。彼其初之所以不用者，徒以有仲焉耳。一日無仲，則三子者可以彈冠相慶⑧矣。仲以爲將死之言，可以縶桓公之手足邪？夫齊國不患有三子，而患無仲，有仲則三子者三匹夫⑨耳。不然，天下豈少三子之徒？雖桓公幸而聽仲，誅此三人。而其餘者仲能悉數而去之邪？嗚呼！仲可謂不知本者矣。因桓公之問，舉天下之賢者以自代，則仲雖死，而齊國未爲無仲也，夫何患三子者！不言可也。

五霸莫盛於桓、文，文公之才，不過桓公，其臣又皆不及仲。靈公之虐⑩，不如孝公之寬厚，文公死，諸侯不敢叛晉。晉襲文公之餘威，得爲諸侯之盟主者，百有餘年。何者？其君雖不肖，而尚有老成人焉。桓公之薨也，一敗塗地，無惑也。彼獨恃一管仲，而仲則死矣。夫天下未嘗無賢者，蓋有有臣而無君者矣。桓公在焉，而曰天下不復有管仲者，吾不信也。仲之書有記其將死論鮑叔、賓胥無⑪之爲人，且各疏其短⑫，是其心以爲是數子者，皆不足以託國。而又逆知其將死，則其書誕謾⑬不足信也。

吾觀史鰌⑭以不能進蘧伯玉而退彌子瑕，故有身後之諫；蕭何且死⑮，舉曹參以自代。大臣之用心，固宜如此也。夫國以一人興，以一人亡。賢者不悲其身之死，而憂其國之衰。故必復有賢者，而後可以死。彼管仲者，何以死哉？

【題解】

管仲，名夷吾，字仲，謚敬，故亦稱敬仲，春秋齊潁上（故地在今安徽潁上縣，春秋初，屬於鄭）人。約生於周平王末年至周桓王初年之間，卒于周襄王七年（公元前七二〇—公元前六四五年）。少與鮑叔牙爲友，嘗曰：「吾與叔牙分財多取，不以我爲貪，知我貧也；謀事困窮，不以我爲愚；知時不利也；三仕三退，不以我爲不肖，知我不遇時也；三戰三敗，不以我爲怯，知我有老母也；生我者父母，知我者鮑子也。」初事公子糾，後相齊桓公，富國強兵，攘夷尊王，九會諸侯，一匡天下。孔子嘗贊之曰：「微管仲，吾其被髮左衽矣。」桓公尊之爲仲父。

老蘇茲篇論管仲臨死，不向桓公舉賢自代，但以不近易牙等三子爲對，有失大賢憂國之深，慮事之遠，其實管仲嘗薦隰朋於桓公，而桓公不能用，韓非已言之矣。老蘇明知而作此論，蓋有感而發與？案：《石林燕語》載：「歐公，初薦明允，便欲朝廷不次用之，時富公韓公當國，韓公亦以爲然，獨富公持之不可，曰姑少待之，故止得試銜初等官，明允不甚滿意。」老蘇茲篇，或係爲此而作者。觀老蘇死後，富公亦自責當日愧未重用公事而益信矣。

【校　勘】

管仲相桓公：明黃氏刊本「桓公」作「威公。」案：「桓公」即「威公」，因避宋欽宗諱，故改「桓」爲「威」。然老蘇卒在靖康之前，不應預知廟諱，故以「桓」爲正。

天下豈少三子之徒：明凌氏朱墨刊本、黃氏刊本「徒」下均有「哉」字。明巾箱本無「哉」字。以有「哉」爲正。

桓公之薨也一敗塗地：明巾箱本、凌氏朱墨本、黃氏刊本「敗」均作「亂」。以「敗」爲正。

史鰌：明巾箱本、凌、黃二刊本「鰌」均作「鰍」。

夫國以一人興：明巾箱本、作「夫國」，凌氏刊本、黃氏刊本均作「一國」。以「夫國」爲正。

而後可以死：明巾箱本作「有以死」，凌氏刊本、黃氏刊本「有」均作「可」。以「可」爲正。

【注釋】

① 擯：驅逐也。

② 豎刁、易牙、開方：豎刁，齊桓公寺人，自宮以進。易牙，齊桓公膳夫。善烹調，嘗殺子以食桓公，甚見寵幸。開方，衛公子，父死不奔喪，爲桓公寵臣。詳見〈辨姦論〉注。

③ 薨以亂：諸侯死曰薨。桓公病篤，豎刁三人乃閉門不使通內外，絕桓公之飲食，致桓公以餓死。

④ 五公子爭立：桓公之夫人三皆無子。內嬖如夫人者六人皆有出。五公子互爭爲君。五公子：公子武孟、公子元、公子潘、公子商人、公子雍是也。桓公與管仲屬公子昭於宋襄公以爲太子，昭公立，爲孝公。易牙與豎刁藉內寵，以殺群吏，而立武孟，孝公奔宋。

⑤ 放四凶：放，流放也。四凶：即驩兜、共公、鯀、三苗也。（見《左傳》文公十八年）

⑥ 少正卯：魯大夫。心逆而險，行僻而堅，言僞而辯，記醜而博，順非而澤，孔子相魯，以其亂政，誅之於

兩觀之間。（見《孔子家語》卷一）

⑦ 遂其欲：遂，達成也。欲，指桓公愛聲色之欲。

⑧ 彈冠相慶：王陽爲益州刺史，貢禹彈其冠，待陽舉薦，果召爲大夫。（見《漢書・王吉傳》）

⑨ 匹夫：謂無足輕重，不能有所作爲之平民。

⑩ 靈公之虐：晉文公孫靈公甚暴虐。（見《左傳》宣公二年）

⑪ 賓須無：齊之賢臣。按：管仲主政時，隰朋掌外交，賓須無主刑法，寗戚理農政，東郭牙司監察，王子城父掌司馬。（見《左傳》、《呂氏春秋》）

⑫ 各疏其短：管子寢疾，對桓公曰：「鮑叔之爲人也，好直而不能以國強。賓須無之爲人也，好善而不能以國詘。」（見《左傳》昭公十三年）

⑬ 誕謾：誕，大也。謾，欺詆也。

⑭ 史鰌：即史魚，衛臣，孔子嘗與其爲直。病將卒，命其子曰：「吾仕衛不能進蘧伯玉而退彌子瑕，是吾生不能正君，死無成禮。我死汝置尸牖下，于我畢矣。」其子從之。靈公往弔，怪而問之，其子以告。公愕然正容。于是命賓之客位。而其死後遺疏進諫，力薦子玉之賢，而說子瑕之邪。（見《大戴禮・保傅》、《荀子》〈不苟〉及〈非十二子〉）

⑮ 且：將也。

【評析】

論者或謂：諸葛亮能遺計除魏延，管夷吾未能授策去三子，則管夷吾之智，不逮諸葛亮遠矣。此俗人據《三國演義》而立論，非正評也。蓋《三國志》〈諸葛亮傳〉〈魏延傳〉均無諸葛除魏延之事，縱使有之，魏延隸屬諸葛亮旗下，直囊中一物，固不足爲患也。而易牙、豎刁、啓方蓋閹寺之徒，其用事近習，爲心專忍；以小善中桓公之意，以小信固桓公之心。故雖有能臣如管仲者，終不能爲之謀也。嗚呼！此孔子所以深歎：「惟小人爲難養也。」抑有進者，桓公之於管夷吾，後主之於諸葛亮，雖同尊之爲仲。第信事之專，則判然有別。管夷吾嘗薦一隰朋矣，未聞桓公以重用也。諸葛亮爲政、治軍，言聽諫行，重臣名將，悉依裁制，彼此勢既有所異，事功自有所不同，此理之必然也，烏得罪管仲以不進賢也夫！然舉賢爲柄國者之要務，則自是正論。

仲兄字文甫說

洵讀《易》，至渙之六四，曰：「渙其群，元吉。」①曰：「嗟夫！群者，聖人所欲渙以混一天下者也。蓋余仲兄名渙，而字公群，則是以聖人之所欲，解散滌蕩者以自命也，而可乎？」他日以告兄曰：「子可無爲我易之？」②洵曰：「唯。」③既而曰：「請以文甫易之，如何？」

且兄嘗見夫水之與風乎？油然④而行，淵然⑤而留，渟洄⑥汪洋，滿而上浮者，是水也。而風實起之，蓬蓬然⑦而發乎太空，不終日而行乎四方，蕩乎其無形，飄乎其遠來，既往而不知其跡之所存者，是風也。而水實形之⑧。今夫風水之相遭乎大澤之陂⑨也，紆餘委虵⑩，蜿蜒淪漣，安而相推，怒而相凌⑫，舒而如雲，蹙⑬而如鱗，疾而如馳，徐而如徊⑭，揖讓旋辟⑮，相顧而不前，其繁如縠，其亂如霧，紛紜鬱擾⑯，百里若一。汩乎順流⑰，至乎滄海之濱，滂薄⑱洶湧，號怒相軋，交橫綢繆⑲，放乎空虛，掉乎無垠，橫流逆折⑳，濆旋㉑傾側，宛轉膠戾㉒，回者如輪，縈者如帶，直者如燧㉓，奔者如焰，跳者如鷺，躍者如鯉，殊狀異態，而風水之極觀備矣。故曰：「風行水上渙㉔，此亦天下之至文也。」

然而此二物者，豈有求乎文哉？無意乎相求，不期而相遭，而文生焉。是其爲文也，非水之文也，非風之文也。二物者，非能文，而不能不爲文也，物之相使，而文出於其間也。故此天下之至文也。今夫玉非不溫然美矣，而不得以爲文，刻鏤組繡，非不文矣，而不可與論乎自然。故夫天下之無營㉖，而文生之者，唯水與風而已。

昔者君子之處於世，不求有功，不得已而功成，則天下以爲賢；不求有言，不得已而言出，則天下以爲口實㉗。烏乎！此不可與他人道之，唯吾兄可也。

【題解】

仲兄，即今語「二哥」，仲，排行第二。甫，通「父」，古代對男子之美稱，常附綴在表字之後。明允仲兄名渙，字公群，晚字文甫，「甫」作「父」，生於宋眞宗咸平四年（西元一〇〇一年），卒於宋仁宗嘉祐七年（西元一〇六二年），享年六十二歲。爲官以循吏見稱。本文係作者敘說仲兄易字文甫立意深遠，可謂善於借題發揮，充分表現蘇文本色。

【校勘】

淳洄：明吳興凌蒙初刊朱墨套印本，明粵中刊清康熙間蔡士英修補三蘇全集本，明嘉靖壬辰（十一年）太原府刊本，臺灣商務印書館萬有文庫本均作「淳洄」，坊本有作「淳泗」者，顯係手民之誤，案泗，一解水名；一解自鼻出之液也。洄，一解淳洄也；一解旋流也。自以「淳洄」爲正。

紆餘委虵：明刊本均作「紆餘委蛇」、臺灣商務印書館萬有文庫本「紆」作「紓」，案「紆」，縈回也，屈曲也。孟浩然詩：「沙岸歷紆餘。」顧瑛詩：「綠楊堤上步紆餘。」韓愈〈進學解〉：「紆餘爲妍。」均「紆餘」連用。「紓」，緩也，解也。但未有「紓餘」併用者，自以「紆餘」爲正。「虵」有作「蛇」者，案：「虵」爲「蛇」之俗字。「委虵」有作「逶迤」者。「委虵」、「逶迤」同義。

烏乎：明諸刊本均作「嗚呼」，臺灣商務印書館萬有文庫本作「烏乎」，案：「嗚呼」、「烏乎」同義。

【注釋】

① 渙之六四，曰：「渙其群，元吉。」：渙，卦名，巽上坎下，䷺，繫辭用六與九兩個數字指稱陰陽爻畫，六指陰爻一，六四，即第四爻爲一爻。「渙其群，元吉。」爲六四爻辭，孔穎達《周易正義》：「渙

者，散釋之名，……渙，離散之號也。……能爲群物散其險害，故曰：『渙其群』也。……能散群險，則有大功，故曰：『元吉』也。」

② 子可無爲我易之：猶今白話：「你是否替我更換一個『字』。」子，表尊敬之稱詞，猶今語「您」。可無，是否。之，代「字公群。」

③ 唯：答應聲。

④ 油然：水流貌。

⑤ 瀟然：水深貌。

⑥ 渟洄：水聚集而不流，形容水面靜止之狀。

⑦ 蓬蓬然：風初起狀，語出《莊子‧秋水》：「蓬蓬然起於北海。」

⑧ 水實形之：風本無形狀，但風吹動水面，可以在水平面上看到風形狀。之，指風。

⑨ 今夫風水之相遇乎大澤之陂：風與水在大澤之岸邊相遭遇，即風從岸邊吹起。乎，于也，在也。澤，湖沼。陂，岸邊。

⑩ 紆餘委虵：彎曲向前。語出司馬相如〈上林賦〉：「紆餘委虵。」劉良注：「紆餘委虵，屈曲貌。」紆，曲折。委虵，曲折前進。

⑪ 蜿蜒淪漣：蜿蜒，原爲蛇爬行貌，此狀水流彎彎曲曲。淪，風吹水面所起之圓波如輪。漣，風吹水面所起之波紋。

⑫凌：相犯，交錯。

⑬蹙：皺。

⑭徐而如徊：徐，慢。徊，徘徊。

⑮揖讓旋辟：揖讓，古代賓主相見之禮節，後用作動詞，表示禮讓。此用於風、水，爲擬人法。旋辟，旋轉回避。

⑯紛紜鬱擾：紛紜，多而雜亂。鬱擾，衆雜而亂。

⑰汩乎順流：水順流而迅疾。汩，音ㄩˋ或ㄍㄨˇ。疾也，通也。司馬相如〈上林賦〉：「汩乎混流。」注：「汩，疾也。」《國語・周語》：「決汩九州。」注：「汩，通也。」

⑱滂薄：波瀾壯闊，大水涌流。

⑲綢繆：緊密纏束，相互繞結。

⑳橫流逆折：橫流，橫溢、泛溢。逆，逆流。折，折流，水流轉彎。（語出司馬相如〈上林賦〉）

㉑濆旋：大水涌起旋轉。濆，水波涌起之處。

㉒宛轉膠戾：展轉邪曲之狀。《史記・司馬相如列傳》：「蜿壇，展轉也；膠戾，邪曲也。」又《文選》木玄虛〈海賦〉：「狀如天輪膠戾而激轉。」呂向注：「膠戾，環旋貌。」

㉓燧：古代取火之具，一說：燧，古代邊防告警之烽煙。此喻「直」。

㉔風行水上渙：《易・象》曰：「風行水上渙。」孔穎達《周易正義》：「風行水上，激動波濤，散釋之

象，故曰風行水上渙。」案：渙卦巽上坎下，巽為風，坎為水，故曰風行水上。

㉕ 至文：最好之文章。此處「文」，雙解：風水之波文；文章。

㉖ 無營：無意於經營，自然天成。

㉗ 口實，原指口中之物。引申為談話資料。語出《易經》頤卦〈繫辭〉：「頤，貞吉。觀頤，自求口實。」

【評析】

明允論文，喜談「神來興會」，反對雕琢，崇尚自然，所謂「文章本天成，妙手偶得之」也。本文作者從仲兄易字「文甫起論，以「風水相遇而成文」為喻，暢述其對文字創作過程之看法。文章善於用比，水，比喻創作之源泉與藝術之修養；風，比喻創作之衝動、靈感，神來興會，兩者相遭，始能成文，缺一不可。在「風水相遭」一節中，又連續用比，以四字句為基本架構，續之鏗鏘有力，深得《莊子》之精髓。

名二子說

輪輻蓋軫①，皆有職乎車②，而軾③獨若無所為者。雖然，去軾則吾未見其為完車也。軾乎，吾懼汝之不外飾也④。天下之車，莫不由轍⑤，而言車之功者，轍不與⑥焉。雖然，車仆馬斃⑦，而患亦不及轍⑧，是轍者，善處乎禍福之間也。轍乎，吾知免矣。

【題解】

本文係老蘇舉進士，茂材異等皆不中，於慶曆七年返川守父喪，絕意功名，精心教授二子時所作。文中就二子命名「軾」、「轍」之深刻含義，表達其對二子之期望，勉勵與告誡。大蘇性格豪放不羈，小蘇性格沖和淡泊，深沉不露。與文中「軾乎，吾懼汝之不外飾也。」「轍者，善處乎禍福之間也」等語，若合一契，嗚呼，老蘇可謂有預知之明矣。

【校勘】

各刊本均無相異之字詞。

【注釋】

①輪輻蓋軫：輻，車輪中湊集於中心轂之直木。蓋，車蓋，車上之篷。軫，車廂底部四面之橫木。《考工記總目》：「車軫四尺。」鄭玄注：「軫，與後横者也。」戴震《考工記圖》：「與下面材合而收輿謂之軫，亦謂之收，獨以為後橫者，失其傳也。」

②皆有職乎車：其以車言皆有其用處。職，職責。此作「作用」、「用處」講。

③軾：車前橫木，即伏手板。其形如半框，有三面，古人用手，俯按板上，表示敬意。

④吾懼汝之不外飾也：猶今語「我擔心你不注意外表的修飾啊！」

⑤莫不由轍：無不經由軌道者。由，經。轍，車輪碾過之痕跡，引申為軌道。

⑥與：音ㄩˋ，通「預」，參預，在其中。

⑦車仆馬斃：車翻馬死。仆，向前跌倒，此指車子翻倒。

⑧患不及轍：禍患在於車子不到軌道上行駛。

⑨勗：勉勵。

【評析】

文筆精鍊，反復辯析，含義深刻，妙趣橫生。

辨姦論

事有必至，理有固然，惟天下之靜者，乃能見微而知著①。月暈而風②，礎潤而雨③，人人知之。人事之推移，理勢之相因，其疏闊④而難知，變化而不可測，孰與⑤天地陰陽之事？而賢者有不知⑥，其故何也？好惡亂其中⑦，而利害奪其外也⑧。

昔者山巨源⑨見王衍⑩曰：「誤天下蒼生者，必此人也。」郭汾陽⑪見盧杞⑫曰：「此人得志，吾子孫無遺類⑬矣。」自今而言之，其理固有可見者。以吾觀之，王衍之爲人，容貌言語，固有以欺世而盜名。然不忮不求⑭，與物浮沉⑮，使晉無惠帝⑯，僅得中主⑰，雖衍千百，何從而亂天下乎？盧杞之姦，固足以敗國。然而不學無文，容貌不足以動人，言語不足以眩世⑱，非德宗⑲之鄙暗，亦何從而用之？由是言之，二公之料二子，亦容有未必然也。

今有人⑳，口誦孔、老之言，身履夷、齊之行，收召好名之士，不得志之人，相與造作言語，私立名字㉑，以爲顏淵、孟軻復出。而陰賊險狠，與人異趣，是王衍、盧杞合而爲一人也，其禍豈可勝㉒言哉？夫㉓面垢不忘洗，衣垢不忘澣㉔，此人之至情也。今也不然，衣臣虜之衣㉕，食犬彘之食，囚首喪面㉖，而談詩書，此豈其情也哉？凡事之不近人情者，鮮不爲大姦慝㉗，豎刁、易牙、開方㉘是也。以蓋世之名，而濟其未形之患㉙，雖有願治之主，好賢之相，猶將舉而用之，則其爲天下患，必然而無疑者，非特二子之比也。《孫子》㉚曰：「善用兵者，無赫赫之功。」㉛使斯人而不用也，則吾言爲過，而斯人有不遇之歎，孰知禍之至此哉？不然，天下將被其禍，而吾獲知言之名，悲夫㉜！

【題解】

「姦」，暗指王安石。

王安石未參朝政時，已有大名。然平日所爲多不近人情，諸如食盡一盤釣餌，不知異味；浴院更換新衣，不問從來；面垢不洗，衣垢不澣，人僉以爲詐。一日，歐陽修宴客。客去獨老蘇少留，謂公曰：「適座有囚首喪面者何人？」公曰：「介甫也，文行之士，子不聞之乎？」洵曰：「以某觀之，此人異時必亂天下，使其得志立朝，雖聰明之主，亦將爲其誑惑。內翰何爲與之游乎？」（見方勺《泊宅編》）。又據張方平〈文安先生墓表〉云：「嘉祐初，王安石名始盛，黨友傾一時。……歐陽修亦已善之，勸先生與之游。而安石亦願交於先生。先生曰：『吾知其人矣，是不近人情者，鮮不爲天下患。』……安石母死，士大夫皆弔，先生獨不往，作〈辨姦論〉一篇。」故〈辨姦論〉一文，乃作者以「士大夫」不能「辨姦」有感而作。作者寫此文時年五十五歲。後安石爲政，本其「天變不足畏，祖宗不足法，人言不足恤」之剛愎自負信念，厲行新法，凡言新法不便者，盡罷黜之，天下紛然，民咸以爲苦，一切皆如老蘇所言。張方平特以此文刻之老蘇墓表，以示其先機特識。

【校　勘】

不忮不求：明巾箱本「求」作「取」，以「求」爲正。《詩》：「不忮不求，何用不臧。」

臣虜之衣：凌氏本「臣虜」；黃氏刊本、明巾箱本均作「巨盧」，「臣虜」爲正。「巨盧」不可通。（見《朱子語錄》）孰知禍之至此哉：凌氏刊本、黃氏刊本、明巾箱本「至」下均有「於」字，「於」可省。

【注　釋】

① 見微知著：見到潛伏之徵兆，便知發展到顯著之狀態，即有先知預見之明。

② 月暈而風：暈，日或月四週所現出之一輪紅綠色光圈。月之四週如現暈，則翌日必有風。

③ 礎潤而雨：礎，柱下石。礎如顯出潤濕之狀，翌日必有雨。

④ 疎闊：精密之反詞，即廣泛渺茫之意。

⑤ 孰與：猶言何如，何若。

⑥ 賢者有不知：歐陽修以曾子固之介，甚稱王安石，嘗勸洵與之遊，安石亦願交蘇洵。洵曰：「吾知其人矣，是不近人情者，鮮不爲天下患。」卒拒與論交。

⑦ 好惡亂其中：好，音ㄏㄠˋ。惡，音ㄨˋ。好惡，愛憎之情。賢者不知，蓋其內心爲偏好所亂也。

⑧ 利害奪其外：奪，亂也。《論語》：「惡紫之奪朱也。」外爲輿論所惑，致未嘗平心以察其微也。

⑨ 山巨源：名濤，巨源其字也。晉河內人。好老莊，常隱身自晦，爲竹林七賢之一。本爲曹魏趙相，入晉，爲吏部尚書，中立於朝，清儉無私，凡用人行政，皆先密啓，然後公奏，舉無失才，時稱山公啓事。（見《晉書・山濤傳》）

⑩ 王衍：字夷甫，有才名，時人稱其豐姿俊爽，如瑤林瓊樹。喜談老莊。雖身居宰輔之重，仍不以經國爲念，每思所以自全之計。嘗說東海王越曰：「中國已亂，當賴方伯，宜得文武兼資以任之。」乃以弟澄爲荆州刺史，族弟敦爲青州刺史。因謂澄、敦曰：「荆州有江漢之固，青州有負海之險，卿二人在外，而吾留此，足以爲三窟矣。」終爲石勒所害。（見《晉書・王衍傳》）

⑪ 郭汾陽：唐郭子儀封汾陽王，故曰郭汾陽。

⑫ 盧杞：唐滑州人。體陋性險，鬼貌藍色，有口才。初，尚父郭子儀臥病，百官造省，不屏姬侍，及杞至則屏之，隱几以待。家人問其故，子儀曰：「彼外陋內險，左右見必笑。使彼得權，吾族無噍類矣！」德宗時杞爲相，陰賊漸露，賢者娼，能者忌，小忤己，不置之死地不止。（見《新唐書・盧杞傳》）

⑬ 遺類，遺，留也，餘也。類，族類也。

⑭不忮不求：忮，音ㄓˋ，有所歆羨而至忌害。求，有所歆羨而至貪求。《詩・邶風》：「不忮不求，何用不臧？」

⑮與物浮沈：物，衆人也，如物望、物議。與，隨也。與物浮沈，言隨著人家活動，無所違逆也。

⑯惠帝：晉武帝子，名衷，性愚騃。賈后專政淫虐，帝不能制，及趙王倫殺后，自爲相國，諸王相爭，遂成八王之亂，禍變未平，而五胡乘隙侵入中原矣。後中毒崩，在位十七年，諡惠。（見《晉書・惠帝紀》）

⑰中主：中才之主。

⑱眩世：眩，迷惑昏亂。眩世，迷惑世人也。

⑲德宗：唐代宗子，名適，初嗣位，頗有賢聲，但任性猜忌，不聽忠言，用盧杞爲相，遂肇姚令言、朱泚之亂。（見《新唐書・德宗紀》）

⑳今有人：暗指王安石。

㉑造作言語私立名字：造作言語，即製造夸詐言辭，以互相標榜之意。私立名字，即私自比擬往哲先賢，或指當時有以王安石擬顏子、孟子者。案：元豐元年，王安石封舒王，被配享宣聖廟，位居孟子之上，與顏子並對，嗣因伶人諷諫，朝臣亦頗疑礙於禮文，每車駕幸學，輒以屏障其面，至靖康始撤去荆公像（見《程史》），又據《豹隱記談》載：「理宗幸太學，御筆云：『王安石謂天命不足畏，祖宗不足法，人言不足信，此三語萬世罪人，豈宜祀孔子廟廷？合與削去，以正人心，息邪說。』令國子監日下施行。」

㉒可勝言哉：勝，音ㄕㄥ，盡也。

㉓夫，音ㄈㄨˊ，轉折連詞，文言文述完一事，另述一事時用之。

㉔澣：音ㄨㄢˇ，濯衣垢也。

㉕衣臣虜之衣：上衣字音ㄧˋ，動詞，穿衣也。臣虜，猶臣僕，罪人爲役，故多解作奴僕或囚犯。

㉖囚首喪面：囚首，謂不梳髮如囚犯。喪面，謂不洗面如居喪守孝。

㉗姦慝：慝，音ㄊㄜˋ，邪惡也。

㉘豎刁、易牙、開方：豎刁，齊人，爲齊桓公之宦官。亦齊人，爲桓公之廚師。開方，本衛公子，仕於齊。三人均得桓公寵信。據《呂氏春秋》載：「管仲有疾，桓公往問之曰：『仲父之疾病矣，何以教寡人？』對曰：『願君之遠易牙、豎刁、公子啓方也。』公曰：『易牙烹其子以慊寡人，猶尚可疑邪？』對曰：『人之情非不愛其子也，其子之忍，又將何有於君？』公又曰：『豎刁自宮以近寡人，猶尚可疑邪？』對曰：『人之情無不愛其身也，其身之忍，又將何有於君？』公又曰：『衛公子啓方事寡人十五年矣，其父死而不敢歸哭，猶尚可疑邪？』對曰：『人之情無不愛其父也，其父之忍，又將何有於君？』管仲死，盡逐之。居三年，食不甘，宮不治，朝不肅。公曰：『仲父不亦過乎？孰謂仲父盡之乎？』於是皆復召而反。明年公病，易牙等相與爲亂。公蒙衣被而絕，蟲出於戶，三月不葬。」

㉙濟其未形之患：濟，助成也。未形之患，指陰賊險狠處未經敗露。

㉚《孫子》：兵書名，孫武撰，共十三篇。孫武，春秋齊人，知兵善戰，吳王闔閭用爲將，西破楚，北脅齊晉，稱霸諸侯。（見《史記．孫子吳起列傳》）

㉛善用兵者無赫赫之功：赫赫，顯盛貌。句謂：善用兵者，不在於殺傷衆多而立其功也。蓋將有功，則殺傷必多，故善用兵者，以消弭殺機於未然之前，必使其無事，乃爲善也。此暗指作者自己，意謂善知人者，亦不求有知人之名也。坊本或指王安石言，顯誤。

㉜而吾獲知言之名悲夫：知言，知人之言也。夫，音ㄈㄨˊ，同乎。句謂：悲知言之名於天下被禍之後而獲，不如斯人不用，即以吾言爲過，猶同於善用兵者，無赫赫之功也。

【評析】

「荆公嘗以商鞅自況，其詩云：『今人未可非商鞅，商鞅能令令必行。』故執大政之初，即力排衆議，厲行新法，其勇氣有足多者。惜泥古不化，忽視國情，未收新法之效，實際已蒙其害。貽禍最烈者，厥爲新舊黨爭之形成，宋室南渡之機，實肇於此。後人讀史至『議論未定，而金兵渡河。』無不掩卷而歎者。荆公地下有知，當亦感慨萬千矣。楊升菴曰：『王安石大類商鞅，商鞅進由景藍，安石進由藍元，鞅禁誹謗，安石置邏卒；鞅排甘龍、杜摯之議，安石彈言新法之人，秦亡以鞅，宋亡以安石。』」雖有過言之處，然而，韓琦謂其「爲翰林學士則有餘，處輔弼之地則不可。」則是知言。曾鞏謂其「勇於有爲，吝於改過。」用一「吝」字直可與《春秋》辭筆媲美。（分見《宋史》韓琦、曾鞏答神宗問安石何如人語）惟文中以豎刁、易牙、開方爲比，林雲銘以爲未盡恰當，余有同感。蓋荆公之心，原其始亦非以此爲禍社稷，徒逞一己之意，孜孜求功而已，不知反而貽禍無窮，卒爲明允言中。荆公因獲奸慝之名，明允因獲先機特識之譽。而豎刁之輩，則孑孑爲圖一己之私，罔顧公室安危，社稷禍福，誠不可同日而語也。

蘇軾文選析評

日喻

生而眇者①不識日。問之有目者，或告之曰：「日之狀如銅槃②」；扣③槃而得其聲。他日聞鐘，以爲日也。或告之曰：「日之光如燭」；捫④燭而得其形。他日揣籥⑤，以爲日也。日之與鐘、籥亦遠矣，而眇者不知其異，以其未嘗見而求之人也。

道⑥之難見也甚於日，而人之未達⑦也無以異於眇。達者告之，雖有巧譬善導，亦無以過於槃與燭也。自槃而之⑧鐘，自燭而之籥，轉而相之，豈有既乎⑨？故世之言道者，或即其所見而名之⑩，或莫之見而意之⑪，皆求道之過也。

然則道卒不可求歟？蘇子⑫曰：「道可致而不可求。」何謂致？孫武⑬曰：「善戰者致人，不致於人。」⑭孔子曰：「百工居肆以成其事，君子學以致其道。」⑮莫之求而自至，斯以爲致也歟！

南方多沒人⑯，日與水居也，七歲而能涉⑰，十歲而能浮，十五而能沒矣。夫沒者豈苟然哉？必也將有得於水之道者。日與水居，則十五而得其道。生而不識水，則雖壯，見舟而畏之。故北方之勇者，問於沒人，而求其所以沒：以其言試之河，未有不溺者也。故凡不學而務求道，皆北方之學沒者也。

昔者以聲律取士⑱，士雜學而不志於道。今也以經術取士⑲，士知求道而不務學。渤海⑳吳君彥律，有志於學者也，方求舉於禮部㉑，作〈日喻〉以告之。

【題解】

本文作於神宗元豐元年（西元一〇七八年），東坡時知徐州。題名爲「日喻說」，意即說有關太陽之比喻，屬寓言性之文。蓋神宗時，王安石爲相，以新經義取士，並頒《詩》、《書》、《周禮》三經新義於學校，自爲經義論文，以作科舉示範。學者墨守王氏三經新義而不務博覽。鈔說陳篇，以求速成。東坡有感於此，故借盲人說日爲喻，以明學問貴於自得，經世在於歷練，用以勉勵吳彥律，亦即爲一般學子說法。

案：北宋初承襲唐制，科舉重詩賦。迨王安石當國，以爲經術正所以經世務，故科舉改試經義，即以經文命題而作論文以取士。

【校勘】

孔子曰：宋刊十二行本、明季各刊本均作「孔子曰」，想係原稿筆誤。「百工居肆！」實係子夏語，非孔子語。（見《論語·子張》篇）

十五而能沒：明崔邦亮刊本「沒」上有「浮」字，恐係衍字。

豈苟然哉：明崔氏本無「哉」字，顯係漏誤。

必也將有得於水之道者：宋刊十二行本，明崔氏無「也」字，以有「也」勝。

【注釋】

① 生而眇者：天生之瞎子。偏盲謂之眇，《易經·履卦》：「眇能視。」本文「生而眇者」指生而雙眼瞎者。

② 銅槃：槃同盤，盛水之盥器。形圓而平，如今之托盤。《禮記·內則》：「進盥，少者奉槃，長者奉水，請沃盥。

③ 扣：擊、敲打。

④ 捫：撫持、撫摸。《詩·大雅·抑》：「莫捫朕舌。」《史記·高祖本紀》：「漢王傷胸，乃捫足。」《索隱》：「捫，摸也。」

⑤ 揣籥：猶今語：「摸到短笛。」揣，揣度，猜想。此作「摸」字解。以心裏「揣摩」，用詞妙極。籥爲竹製樂器，或三孔，如短笛，或六孔七孔，長三尺，可持之以舞。

⑥ 道：宇宙人生一定之理，猶道路爲人所共由。《中庸》：「道也者不可須臾離也。」朱熹注：「道者日用

事物當行之理。」本文指孔孟之道。

⑦ 達：通達事理。下文「達者」指通曉事理之人。

⑧ 之：到，此指「聯想到」。

⑨ 轉而相之，豈有既乎：猶今語：「輾轉聯想下去，那有個止境呢？」相之，互相聯想下去。相，互相也，《古今文選》作「視察」解，意有未安。

⑩ 即其所見而名之：就其所見而稱說之。「名」，稱說之意。《論語・泰伯》篇：「蕩蕩乎民無能名焉。」意如「莫名其妙」之「名」。

⑪ 莫之見而意之：對是道無有理解而任意猜度。意，私心猜度也。《漢書・雋不疑傳》：「已而同舍郎覺妄意不疑。」

⑫ 蘇子：蘇軾自稱。

⑬ 孫武：春秋齊人，知兵法。吳王闔閭用爲將，西破強楚，威震齊晉，遂霸諸侯。《漢書・藝文志》載《孫子兵法》八十二篇，傳爲孫武所著。今存《孫子》十三篇，唐杜牧以爲曹操所刪訂。宋吉天保合輯各家注爲《孫子十家注》。

⑭ 善戰者致人，不致於人：語見《孫子・虛實第六》。致是招致，人指敵人。致人是設法使敵人自至。意謂主動自擇戰地，不爲敵人所招誘而求戰。因爲「先處戰地而待敵者佚，後處戰地而趨戰者勞。」

⑮ 百工居肆以成其事，君子學以致其道：肆指官府造作之處，猶言廠肆。百工居肆，則不遷於異物而業可精

良。君子學則不奪於外誘而道可明。「致其道」是使道理自致。
⑯ 沒人：能深入水中游泳者，即能潛水者。沒，動詞，作「潛水」解。《莊子．達生》篇：「沒人則未嘗見舟而便操之也。」
⑰ 涉：徒行渡水曰涉，《詩》：「濟有深涉。」《書．泰誓》：「斮朝涉之脛。」猶今語「蹚水。」
⑱ 聲律取士：唐及北宋初科舉重詩賦。詩賦講求音韻格律，以聲調和協，平仄適度爲尚。故以聲律代表詩賦之學。
⑲ 經術取士：經術本指經學。王安石當國，以爲經術正所以經世務，科舉改試經義，即以經文命題而作論文。
⑳ 渤海吳君彥律：渤海，縣名，故地在今山東濱縣。吳彥律，名琯，字彥律，時任監酒正字，嘗與東坡唱和。
㉑ 求舉於禮部：謂應進士試。禮部，官署名，舊官制中央六部之一，後周始有此名，唐宋襲其制，掌典禮及學校科舉。舉人在京城會試由禮部主持。

【評析】

全文共用四喻：首以盲人識日爲喻，從反面落筆，先寫故事性之比喻，而後點出其義理；第四喻以「北人學沒」，從正反兩面落筆，夾敘夾議，即在故事性比喻中夾以作者之論斷。此兩喻均爲作者所創，極生動感人。第二、第三兩喻，活用古人成語，尤見手法之妙，文中有對話，有排比，有反問，生動活潑，深得莊、惠之精髓。人謂坡公作文，如舞女走竿，市兒弄丸，橫心所出，腕無不受，信然。

書吳道子畫後

知者創物，能者述焉①，非一人而成也。君子之於學，百工之於技，自三代歷漢至唐而備矣。故詩至於杜子美②，文至於韓退之，書至於顏魯公，畫至於吳道子，而古今之變，天下之能事畢矣。道子畫人物，如以燈取影，逆來順往，旁見側出，橫斜平直，各相乘除③，得自然之數④，不差毫末。出新意於法度之中，寄妙理於豪放之外，所謂遊刃餘地⑤，運斤成風⑥，蓋古今一人而已。

余於他畫，或不能必其主名⑦，至於道子，望而知其眞僞也。然世罕有眞者，如史全叔所藏⑧，平生蓋一二見而已。元豐八年十一月七日書。

【題　解】

吳道子，名道玄，唐名畫家，東京陽翟人。生年不可考，卒於唐德宗貞元八年（西元七九二年），年九十以上。開元中召入供奉爲內教博士。其畫筆法超妙，尤擅山水及宗教人物，有「畫怪」之稱。大蘇本文旨在稱揚吳道子畫人物，不但形似，且得神趣，與《莊子》所謂「所好者道也，超乎技矣」同一境界。

【校　勘】

各版本均無相異之字詞。

【注　釋】

①知者創物，能者述焉：知，同智。述，著述。闡明前人成說爲「述」。

②詩至於杜子美：至於，達到最高最完美之程度。杜子美，即杜甫。

③乘除：喩各種作畫筆法之互相作用、消長、輕重。

④自然之數：自然之理。

⑤游刃餘地：喩處事熟練，輕鬆俐落。此指吳道子畫技熟練，輕鬆俐落。（語出《莊子‧養生主》）

⑥運斤成風：運斤，揮動斧頭。成風，形成一股風。此喩吳道子作畫手法熟練，技術神妙。（語出《莊子‧徐無鬼》）

⑦或不能必其主名：或，不定代詞，有的。其，指畫。主，主人，此指作畫之人。句謂：「有的畫不能確定其作者爲誰。」

⑧史全叔所藏：史全叔生平無可考。

【評　析】

本文首先指出，文學藝術之發展，有其完美之過程，而唐代之詩、文、書、畫皆獲得超越前人之偉大成就。吳道子雖爲職業畫家，第以文人作畫，能「出新意於法度之中，寄妙理於豪放之外」，表現其創作藝術之高超意境，非徒「以燈取影，逆來順往，旁見側出，橫斜平直，各相乘質，行其所當行，止其所不可不止」之「豪放」、「自然」同一「妙理」。

除，得自然之數，不差毫末」之所謂畫匠之畫形似而已。此與東坡作文「行雲流水……初無定

南行前集敘

夫昔之為文者，非能為之為工，乃不能不為之為工也。山川之有雲，草木之有華實，充滿勃鬱而見於外，夫雖欲無有，其可得耶？自少聞家君之論文，以為古之聖人有所不能自已而作者。故軾與弟轍為文至多，而未嘗敢有作文之意。

己亥之歲①，侍行適楚，舟中無事，博弈②飲酒，非所以為閨門之歡，山川之秀美，風俗之朴陋，賢人君子之遺跡，與凡耳目之所接者，雜然有觸於中，而發於咏嘆。蓋家君之作，與弟轍之文皆在，凡一百篇，謂之《南行集》。將以識一時之事，為他日之所尋繹，且以為得於談笑之間，而非勉強所為之文也。時十二月八日江陵驛書。

【題　解】

東坡兄弟於嘉祐四年（西元一〇五九年）十月服母喪期滿，隨父入京，沿江而下，十二月抵江陵（今湖北江陵縣）。父子三人途中所作之詩文匯為《南行集》，由東坡作敘。文旨在發揮父洵「文貴自然」之觀點，反對為文而文之作，實亦東坡自抒其為文之妙境也。

【校勘】

博奕：坊本均以「弈」作「奕」。弈，圍棋也，从廾亦聲。奕，大也，从大亦聲。（均見《說文》）奕，亦作「美」、「重」、「輕麗」、「閑習」、「姣美」解。如：《方言》二：「自關而西，凡美容謂之奕」。《詩・商頌》：「萬舞有奕」。箋：「其于舞又閑習。」《國語》：「奕世載德。」注：奕，猶重也。

【注釋】

① 己亥之歲，即嘉祐四年（西元一〇五九年）。

② 博弈：下棋。博，各用六棋共十二棋對博；弈，圍棋。

【評析】

作者於文中強調文章之可貴，在於作者「凡耳目之所接者，雜然有觸於中，而發於咏嘆」之感情；而不在於知識性之觀照。夫「山川之有雲，草木之有華實，充滿勃鬱而見於外。」入於文人之目，不能無觸於中，故「雖欲無有（文），其可得耶？」亦范文正公〈岳陽樓記〉所謂：遷客騷人，多會於此，覽物之情，得無異乎」之意趣也。

放鶴亭記

熙寧①十年秋，彭城大水。雲龍山人張君②之草堂③，水及其半扉。明年春，水落，遷於故居之東，東山之麓，升高而望，得異境焉，作亭於其上。

彭城之山，岡嶺四合，隱然如大環，獨缺其西一面。而山人之亭，適當其缺。春夏之交，草木際④天。秋冬雪月，千里一色。風雨晦明之間，俯仰百變。山人有二鶴，甚馴⑤而善飛。旦則望西山之缺而放焉，縱其所如⑥。或立於陂田，或翔於雲表，暮則傃⑦東山而歸，故名之曰放鶴亭。

郡守蘇軾，時從賓佐僚史，往見山人，飲酒於斯亭而樂之。挹⑧山人而告之。曰：「子知隱居之樂乎？雖南面之君，未可與易也。《易》曰：『鳴鶴在陰，其子和之。』⑨《詩》曰：『鶴鳴于九皐，聲聞于天。』⑩蓋其爲物，清遠閒放，超然於塵埃之外。故《易》、《詩》人以比賢人君子。隱德之士，狎而玩之，宜若有益而無損者。然衛懿公好鶴⑪，則亡其國。周公作〈酒誥〉⑫，衛武公作〈抑戒〉⑬，以爲荒惑敗亂，無若酒者。而劉伶阮籍之徒，以此全其眞而名後世。嗟夫！南面之君，雖清遠閒放如鶴者，猶不得好，好之則亡其國。而山林遯世之士，雖荒惑敗亂如酒者，猶不能爲害，而況於鶴乎？由此觀之，其爲樂未可以同日而語也。」山人欣賞而笑曰：「有是哉？」乃作放鶴招鶴之歌。曰：

鶴飛去兮，西山之缺。高翔而下覽兮，擇所適。翻然斂翼，宛將集合，忽何所見？矯然而復擊⑭。獨終日於澗谷之間兮，啄蒼苔而履白石。鶴歸來兮，東山之陰。其下有人兮，黃冠草履，葛衣而鼓琴。躬耕而食兮，其餘以⑮飽汝。歸來歸來兮，西山不可以久留。

【題　解】

放鶴亭，爲彭城雲龍山人張天驥所構，以爲放鶴之所。

東坡於熙寧十年，由密州改知徐州，與天驥交遊，次年，亭成，遂爲作記。

【校　勘】

獨缺其西一面：宋刊十二行本、明程宗本、茅維本、崔邦亮本，「一面」均作「十二」。「十二」嫌晦，以「一面」較顯豁。

俯抑百變：明崔氏本「百」作「之」，以「百」爲正。

時從賓佐僚吏：宋刊十二行本、明崔氏本、茅氏本、程氏本「佐」均作「客」，以「客」爲正。

挹山人而告之：明崔氏本、茅氏本「挹」作「揖」，案：「挹」通「揖」。

山林遯世之士：宋刊十二行本、明崔氏本、程氏本「遯」作「遁」。案：「遁」通「遯」。

山人欣然而笑：宋刊十二行本、明崔氏本「欣」作「忻」；明茅氏本、程氏本「欣」作

「听」。案：「忻」，喜也；「欣」，亦喜也，然前者爲「心喜」，後者爲「笑喜」（見《說文》段玉裁注）。故自以「欣然而笑」爲勝。「听」笑貌，《史記》：「亡是公听然而笑」，是則「山人听然而笑」更有所本矣。

宛將集合：宋刊十二行本、明崔氏本、茅氏本、程氏本「宛」均作「婉」。婉，順也，不可通；宛，凡狀貌可見曰宛，故以「宛」字勝。

飽汝：宋刊十二行本、明崔氏本、茅氏、程氏諸本均作「汝飽」，蓋「飽」字以叶韻，故以「汝飽」勝。

【注釋】

① 熙寧：宋神宗年號。
② 雲龍山人張君：張師厚，字天驥。
③ 草堂：後世以人隱退自樂之所，名曰草堂。如杜少陵成都草堂、白居易廬山草堂是。
④ 際天：接天。
⑤ 馴：順良也。
⑥ 如：往也。
⑦ 傃：音素，向也。
⑧ 挹：酌也。

⑨ 鳴鶴在陰，其子和之：為《易・中孚》九二爻辭。王弼注：「立誠篤至，雖在闇昧，物亦應焉。言九二〈中孚〉之實，而九五亦以〈中孚〉之實應之，如鶴鳴于幽隱之處，而其子自和之也。」

⑩ 鶴鳴于九皋，聲聞於天：見《詩・小雅・鶴鳴》篇。此篇乃諷周宣王求賢士之隱於山林者。《毛傳》：「皋，澤也。」鄭箋：「九，喻深遠也，鶴在澤中鳴，而野聞其鳴聲；喻賢者雖隱居，人咸知之。」〈釋文〉引韓詩云：「九皋，九折之澤。」

⑪ 衛懿公好鶴：《左傳》閔公二年：「冬十二月狄人伐衛，衛懿公好鶴，鶴有乘軒者。將戰，國人受甲者皆曰：『使鶴，鶴實祿位，余焉能戰？』及狄人戰于熒澤，衛師敗績，遂滅衛。」

⑫ 周公作〈酒誥〉：〈酒誥〉，《書》篇名。《書・序》：「成王既伐管叔、蔡叔，以殷餘民，封康叔，作〈康誥〉、〈酒誥〉、〈梓材〉。」《傳》：「康叔監殷民，殷民化紂嗜酒，故以戒酒誥。」

⑬ 衛武公作〈抑戒〉：抑，《詩》〈大雅〉篇名。〈序〉謂衛武公刺厲王以自警也。其三章云：「顛覆厥德，荒湛於酒。」

⑭ 繫：攻也。此作「衝飛」解。

⑮ 以：使也，用也。

【評　析】

篇中託玩鶴以言隱居之樂，雖南面之君未可與易之至理，末以放鶴招鶴之歌，寫出山林遯世之士，物外天全，逍遙自在，此忘我之至文也。

石鐘山記

《水經》①云：「彭蠡②之口，有石鐘山焉。」酈元③以爲「下臨深潭④，微風鼓浪，水石相搏⑤，聲如洪鐘」。是說也，人常疑之。今以鐘磬⑥置水中，雖大風浪不能鳴也，而況石乎！至唐李渤⑦，始訪其遺蹤，得雙石於潭上，扣而聆⑧之，南聲函胡⑨，北音清越⑩，枹止響騰⑪，餘韻徐歇⑫。自以爲得之矣。然是說也，余尤疑之，石之鏗然⑬有聲者，所在皆是也，而此獨以鐘名，何哉？

元豐七年⑭六月丁丑⑮，余自齊安⑯舟行適臨汝⑰，長子邁⑱將赴饒之德興尉⑲，送之至湖口，因得觀所謂石鐘者。寺僧使小童持斧，於亂石間擇其一二，扣之，硿硿然⑳。余固笑而不信也。至其夜，月明，獨與邁乘小舟至絕壁㉑下。大石側立千尺，如猛獸奇鬼，森然欲搏人㉒；而山上棲鶻㉓聞人聲，亦驚起，磔磔㉔雲霄間；又有若老人欬㉕且笑於山谷中者，或曰：「此鸛鶴㉖也。」余心方動，欲還，而大聲發於水上，噌吰㉗如鐘鼓不絕。舟人㉘大恐，徐而察之，則山下皆石穴罅㉙，不知其淺深，微波入焉，涵澹澎湃㉚而爲此也。舟迴至兩山間，將入港口，有大石當中流，可坐百人，空中而多竅㉛，與風水相吐㉛，有窾坎鏜鞳㉝之聲，與向㉞之噌吰者相應，如樂作焉。因笑謂邁曰：汝識之乎？噌吰者，周景王之無射㉟也，窾坎鏜鞳者，魏獻子之歌鐘㊱

也：古之人不余欺也。

事不目見耳聞而臆斷㊲其有無，可乎？酈元之所見聞，殆㊳與余同，而言之不詳。士大夫㊴終不肯以小舟夜泊絕壁之下，故莫能知；而漁工水師㊵雖知而不能言；此世所以不傳也。而陋者乃以斧斤考擊㊶而求之，自以爲得其實。余是以記之，蓋歎酈元之簡，而笑李渤之陋也。

【題解】

石鐘山在江西湖口縣境，位鄱陽湖東岸。山有二：一在縣治南，曰上鐘山；一在縣治北，曰下鐘山。各距縣一里，皆高五六百尺，周十里許。其勢相向，土人稱爲雙鐘。《太平寰宇記》：「石鐘山西枕彭蠡，西南北面皆水，白波撼山，其聲若鐘。」李渤〈辨石鐘山記〉：「《水經》云：『彭蠡之口有石鐘山焉。』酈道元以爲下臨深潭，微風鼓浪，水石相擊，響若洪鐘，因受其稱，予訪其遺跡，遇雙石攲枕潭間，扣而聆之，南音函胡，北音清越。」曾國藩《求闕齋讀書錄》：「上鐘巖與下鐘巖皆有洞，可容數百人，深不可窮，形如覆鐘。乃知鐘山以形言之，非以聲言之。」清同凖〈石鐘山記〉以爲：「是山石質輕清，又復空中多竅，所以風水相值，獨鏘鏘然若金奏。」石鐘山得名，形狀與聲音，似均有關係。東坡此記以爲世俗錯認以鐘名山之義，而止求於考擊之間，致乖酈道元舊注。乃以自己親歷確見，參之古樂音節，方知古人以石鐘命名爲不謬。因歎酈元因簡致疑，李渤識陋可笑。

【校　勘】

崆崆：宋刊十二行本作「空空」。明崔氏本作「控控」。程氏本作「崆崆」。世界書局本作「崆崆」。案：「空空」有二義：㈠誠懇也，《呂氏春秋》：「空空乎其不爲巧故也。」《論語・子罕》：「有鄙夫問於我，空空如也。」㈡佛家語，謂空亦空也。《智度論》「何等爲空空，一切法空，是空亦空，是名空空。」故「空空」不可用以形「石擊聲」，已無疑義。「控控」一詞所據，控可讀「腔」音，但此作「打」字解，用之於狀石擊聲，亦不可通。」「崆崆」，崆音空，器物朴也，於此處亦不可用。「崆崆」，石落聲（見《集韻》），於此始當。「崆崆」，崆，如讀「腔」，爲樂器名；如讀「控」，器物朴也，均不可通。

至其夜：宋刊十二行本、明程氏本「其」作「莫」。以「莫」勝。

【注釋】

①水經：漢桑欽撰；晉郭璞注已佚，魏酈道元作注，共四十卷。

②彭蠡：湖名，即今江西鄱陽湖。《書經・禹貢》稱彭蠡。

③酈元：即酈道元，北魏涿鹿（察哈爾涿鹿）人，字善長，官至關右大使，爲叛將蕭寶夤所害。道元好學，多覽奇書；所撰《水經注》，爲世所重。道元北人，《水經注》記石鐘山，似非據直接見聞。

④潭：深水。

⑤相搏：相擊。

⑥鐘磬，金屬鑄之樂器。磬，石製之樂器，相傳爲無句氏所作。

⑦李渤：唐洛陽人，字濬之。曾任江州刺史，治鄱陽湖水，築堤七百步。歷諫議大夫，擢給事中，出爲桂管觀察使，後拜太子賓客卒。作有〈辨石鐘山記〉，新舊《唐書》均有傳。

⑧聆：聽。

⑨南聲函胡：南聲指宮聲。函胡是模糊不清。

⑩北音清越：北音指角聲。清越是清澈遠揚。

⑪枹止響騰：鼓槌已停止而響聲猶清澈遠揚。

⑫餘韻徐歇：餘韻猶言餘音，歇是停止。

⑬鏗然：金石聲「鏗鏗」響。

⑭元豐七年：西元一〇八四年。元豐是宋神宗年號。是年，蘇軾四十九歲，由黃州團練副使改授汝州團練副使、本州安置。

⑮丁丑：古時十干（甲、乙、丙、丁、戊、己、庚、辛、壬、癸）配十二支（子、丑、寅、卯、辰、巳、午、未、申、酉、戌、亥），記年月日時。

⑯齊安：即黃州，宋黃州治黃岡縣，今湖北黃岡縣治。

⑰臨汝：今河南臨汝縣。時子瞻沿江至江南，再渡江至揚州，上表乞常州居住。蓋其意欲家常州，故舟行迂道。

⑱邁：字伯達，歷官雄州防禦推官，知河間縣事，終駕部員外郎。

⑲饒之德興尉：饒是饒州。德興，今江西德興縣。尉，縣令之屬官。掌軍警治安之職。
⑳崆崆然：石聲「崆崆」響。
㉑絕壁：山崖之峻峭直立者。
㉒森然搏人：森然，陰沈可怕之狀。
㉓鶻：即隼，一名鶻鷹，猛禽之一種。
㉔磔磔：鳥鳴聲。蘇軾〈往富陽詩〉：「春山磔磔鳴春禽。」
㉕欬：嗽聲重者曰欬。
㉖鸛鶴：形似鶴，亦如鷺。羽色灰白。嘴長而直，色黑，全部角質。眼緣色赤，翼白，略帶黑。腳長而赤，爪小，尾短。結巢江湖池沼旁高樹上，捕魚介等爲餌。
㉗噌吰：《文選》司馬相如〈長門賦〉：「擠玉戶以撼金鋪兮，聲噌吰而似鐘音。」注：「噌吰，聲也。」
㉘舟人：船夫也。
㉙罅：裂縫。
㉚涵澹澎湃：涵澹，水搖動貌。
㉛竅：孔穴。
㉜呑吐：呼吸出入。
㉝窾坎鏜鞳：窾坎，擊物聲。鏜鞳，鐘鼓聲。

㉞向：從前。

㉟周景王之無射：周景王，靈王子，名貴。無射，十二律之一。周景王二十三年鑄成，事見《國語・晉語》。《左傳》定公四年疏：「周鑄無射以律名鐘。」

㊱魏獻子之歌鐘：《左傳》襄公十一年：「鄭人賂晉侯歌鐘二肆，及其鎛磬，晉侯以樂之半賜魏絳。」案魏絳諡莊，其子舒諡獻，魏獻子當作魏莊子。歌鐘，用於樂歌之編鐘。肆，列懸也。鐘十六爲一肆。編鐘，爲十六個金屬小鐘同懸於架上，高約五六寸，鐘口直徑約三寸許。全付大小完全一樣，惟高音者厚，低音者尊。有兩組多之音域，音色洪亮悠揚。

㊲臆斷：以一己之私意武斷。臆是胸。

㊳殆：大概。

㊴大夫：讀書居官之人。

㊵漁工水師，漁夫水手。

㊶考擊：考，擊也。《詩・唐風・山有樞》：「子有鐘鼓，弗鼓弗考。」傳：「擊也。」考擊，同義複用。

【評析】

鑑賞文字，輒因鑑賞者之情趣不同，而見解不一。中唐主〈攤破浣溪沙詞〉，王荆公歎賞其「細雨夢回雞塞遠，小樓吹徹玉笙寒。」而王靜安則獨賞「菡萏香銷翠葉殘，西風愁起綠波間」兩句，謂其大有衆芳蕪穢，美人遲暮之感，秦少游〈踏莎行詞〉，東坡喜其「郴江幸自繞郴山，為誰流下瀟湘去。」王靜安則愛其「可堪孤館閉春寒，杜鵑聲裡斜陽暮。」惟讀者讀東坡〈石鐘山記〉一文，至小舟夜遊一段，則必同覺恍如置身其中，一股神秘森深之感，頓生心際也。通篇文筆神行，極得手應心之樂。

方山子傳

方山子，光、黃間隱人①也。少時慕朱家、郭解②為人，閭里之俠皆宗之。稍壯，折節③讀書，欲以此馳騁當世，然終不遇。晚乃遯於光、黃間，曰岐亭④。庵居蔬食，不與世相聞。棄車馬，毀冠服，徒步往來山中，人莫識也。見其所著帽，方屋⑤而高，曰：「此豈古方山冠⑥之遺像乎！」因謂之方山子。

余謫居於黃，過岐亭，適見焉。曰：「嗚呼！此吾故人陳慥季常也。何為而在此？」方山子亦矍然⑦問余所以至此者。余告之故，俯而不答，仰而咲，呼余宿其家，環堵蕭然⑧，而妻子奴婢皆有自得之意，余既聳然⑨異之。獨念方山子少時，使財如糞土，前十有九年，余在岐下，見方山子從兩騎，挾二矢，游西山，鵲起於前，使騎逐而射之，不獲，方山子怒馬獨出，一發得之。因與余馬上論兵，及古今成敗，自謂一時豪士。今幾日耳？精悍之色，猶見於眉間，而豈山中之人哉？

然方山子世有勳閥，當得官，使從事於其間，今已顯聞。而其家在洛陽，園宅壯麗，與公侯等。河北有田，歲得帛千疋，亦足以富樂。皆棄不取，獨來窮山中，此豈無得而然哉？

余聞光、黃間多異人，往往陽狂⑫垢污，不可得而見，方山子儻見之歟！

【題解】

本文作於宋神宗元豐三年（西元一〇八〇年），時東坡貶謫黃州，偶遇方山子。方山子，姓陳名慥，字季常，陳希亮之子。宋永嘉人。係東坡至友，東坡〈岐亭詩序〉云：「元豐三年正月，余始謫黃州，至岐亭北二十五里，山上有白馬青蓋來迎者，則余故人陳慥季常也，為留五日，賦詩一篇而去。明年正月，復往見之，季常使人勞余於塗。余久不殺，恐季常為余殺也，則以前韻作詩，為殺戒以遺季常，季常自爾不復殺。而岐亭人多化之，有不食肉者。其後數往見之，往必作詩，詩以前韻。凡余在黃四年，三往見季常，而季常也來見余，蓋相從百餘日也。七年四月，余量移汝州，自江、淮徂雒，送者皆止慈湖，而季常獨至九江。」兩人交誼之深若此，宜乎此文寫得如是傳神也。

【校　勘】

岐亭：清初鈔本、《蘇文彙選》明刊本、世界書局《蘇東坡全集》（以下簡稱世界本）、商務印書館萬有文庫本《蘇東坡集》（以下簡稱商務本）「岐」均作「歧」，《宋史》作「岐」。

方屋：坊本有將「屋」作「聳」者，《宋史》、清初鈔本、《蘇文彙選》明刊本、世界本、商務本均作「屋」，以「屋」爲正。

仰而笑：清初鈔本、《蘇文彙選》明刊本「笑」作「咲」。案：咲，古笑字。（見《集韻》）

一世豪士：清初鈔本、《蘇文彙選》明刊本「一世」作「一時」，以「一世」勝。

園宅壯麗：清初鈔本「麗」上無「壯」字，顯係鈔時所漏。

獨來窮山中：坊本「獨」下有「往」字，以無「往」字勝。

【注釋】

① 光、黃間隱人：光，光州（今河南潢川縣）。黃，黃州（今湖北黃岡縣）。隱人，隱居山林者，即隱士。

② 朱家、郭解：朱家，漢初魯（今山東）人，著名俠客。郭解，漢初著名俠客。

③ 折節：改變平日之志向與行爲。

④ 岐亭：鎮名（今湖北麻城縣西南）。

⑤ 方屋：方形之屋。方屋而高，方形而高起。

⑥ 方山冠：古代帽一種，漢代祭祀宗廟時爲樂工舞女所戴，宋代多爲隱士所用，形似「進賢冠」。《續漢書・輿服志》：「進賢冠前高七寸，後高三寸，長八寸，方山冠，以五彩穀爲之。」

⑦ 矍然：驚視貌。「矍」通「瞿」。《說文》：《瞿，舉目驚瞿然也。》

⑧ 環堵蕭然：環堵，周圍環著四堵牆壁，形容居室之隘陋。蕭然，清靜冷落。

⑨ 聳然：吃驚之狀。「聳」通「慫」。《說文》：「慫，驚也。」

⑩ 岐下：地名，在今峽西鳳翔縣。

⑪ 勳閥：功臣之門第。閥，古代仕宦之家大門立左右兩柱，以之榜貼功狀，左曰「閥」，右曰「閱」。

⑫ 陽狂：假裝瘋癲，亦作「佯狂」。《吳越春秋・王僚使公子光傳》：「子胥之吳乃被髮佯狂，跣足涂面。」

⑬ 儻見：偶然相見。儻，意外忽來。

【評析】

東坡作此文，頌揚方山子任俠隱居不仕，與太史公，特為游俠立傳，同一心情，絃外之音，讀者自會得之。本文雖以「傳」名，但與尋常傳體不同，沈德潛云：「生前作傳，故別於尋常傳體，通篇只敘其游俠隱淪，而不及世系與生平行事，此傳中變調也。寫游俠鬚眉欲動，寫隱淪姓字俱沈，自是傳神能手。」文章開始並不言方山子為何人，中間突然點出，詞氣淋漓跌宕，機勢沛然，妙趣橫生，深獲史遷神髓，自是大蘇本色。

戰國任俠論

春秋之末①，至於戰國②，諸侯卿相，皆爭養士：自謀夫說客③，談天雕龍④，堅白同異⑤之流，下至擊劍扛鼎⑥，雞鳴狗盜⑦之徒，莫不賓禮⑧；靡衣玉食⑨以館於上者，何可勝數⑩？越王句踐有君子六千人⑪，魏無忌、齊田文、趙勝、黃歇、呂不韋⑫，皆有客三千人；而田文招致任俠姦人六萬家於薛⑬；齊稷下⑭談者亦千人；魏文侯、燕昭王、太子丹⑮，皆致客⑯無數。下至秦、漢之間，張耳、陳餘⑰號多士，賓客廝養⑱，皆天下豪傑⑲；而田橫⑳亦有士五百人。其略見於傳記者如此；度其餘當倍官吏而半農夫也。此皆姦民蠹國者，民何以支而國何以堪乎？

蘇子曰：此先王之所不能免也。國之有姦也，猶鳥獸之有猛鷙，昆蟲之有毒螫也。區處條理，使各安其處，則有之矣；鋤而盡去之，則無是道也。吾考之世變，知六國之所以久存，而秦之所以速亡者，蓋出於此，不可以不察也。

夫智、勇、辯、力㉑，此四者，皆天民㉒之秀傑者也，類不能惡衣食以養人㉓，皆役人以自養者也。故先王分天下之富貴，與此四者共之。此四者不失職，則民靖矣。四者雖異，先王因俗設法㉔，使出於一。三代以上出於學；戰國至秦出於客；漢以後出於郡縣吏；魏、晉以來，出於九品中正㉕；隋、唐至今，出於科舉㉖；雖不盡然㉗，取其多者論之。

六國之君，虐用其民，不減始皇、二世；然當是時，百姓無一人叛者，以凡民之秀傑者，多以客養之，不失職也。其力耕以奉上，皆椎魯無能爲者，雖欲怨叛，而莫爲之先㉘；此其所以少安而不即亡也。

始皇初欲逐客，用李斯之言而阻。既并天下㉙，則以客爲無用，於是任法而不任人；謂民可以恃法而治，謂吏不必才，取能守吾法而已。故墮名城㉚，殺豪傑，民之秀異者，散而歸田畝。

向之食於四公子呂不韋之徒者，皆安歸哉？不知其能槁項黃馘㉛以老死於布褐乎㉜？抑將輟耕太息以俟時㉝也？秦之亂雖成於二世，然使始皇知畏此四者，有以處之，使不失職，秦之亡不至若是速也。縱百萬虎狼於山林而飢渴之，不知其將噬人，世以始皇爲智，吾不信也。

楚、漢之禍，生民盡矣，豪傑宜無幾；而代相陳豨從車千乘㉞，蕭、曹爲政，莫之禁也。至文、景、武之世，法令至密，然吳濞、淮南、梁王、魏其、武安㉟之流，皆爭致賓客，世主不問也。豈懲㊱秦之禍，以爲爵祿不能盡糜㊲天下士，故少寬之，使得或出於此也邪？

若夫㊳先王之政則不然。曰：「君子學道則愛人，小人學道則易使也。」㊴嗚呼！此豈秦、漢之所及也哉？

【題解】

〈戰國任俠論〉，明諸刊本作「養士論」，以本文內容觀之，以「養士論」名題爲適當。

戰國，指我國自周威烈王二十三年韓、趙、魏三家分晉起，至秦滅六國止（當西元前四〇三—二二一年）之一時期。在此時期中，周室衰微，秦、楚、燕、齊、韓、趙、魏七國，頻年爭戰，故稱戰國。

任俠，相與信曰任，同是非曰俠。戰國之秋，諸侯爭雄，得士者勝。於是各國諸侯卿相，競相羅致俠士，一時蔚爲風氣。而所謂俠士者，激於知己，力圖報稱，甚或不惜犧牲一己之生命以赴之，如侯嬴之報信陵，荆軻之報燕丹是也。直至漢初，此風未息。本篇即縱論養士之得失，足資爲政者，三加意焉。

【校　勘】

自謀夫說客：宋十二行本「自謀」下有「其謀」二字。贅詞。

何可勝數：宋十二行本「何」作「不」，以「何」爲正。

皆天下豪傑：宋十二行本、崔氏本「豪」作「俊」。

皆姦民國蠹者：宋十二行本作「皆役人以自養者」，以「皆姦民蠹國者」爲佳。

皆天民之秀傑者也：宋十二行本無「者」，上句「此四者」，已有「者」字，承句「者」可省。

皆役民以自養者也：宋十二行本無「者」，以有「者」字勝。

區處條理：宋十二行本「理」作「別」，以「理」勝。

用李斯之言而阻：宋十二行本、程氏本、崔氏本「阻」均作「止」，以「止」勝。

而代相陳豨從車千乘：宋十二行本「豨」下有「過代」二字，贅詞。

豈秦漢之所及也哉：宋十二行本無「也」字，以有「也」語氣較佳。

【注　釋】

①春秋之末：春秋，時代名。孔子作《春秋》，起自魯隱公元年（即周平王四十九年），訖魯哀公十四年（即周敬王三十九年），凡十二公，計二百四十二年，世因稱此時代曰春秋。

②戰國：見題解。

③謀夫說客：謀夫，即策士。《詩・小雅・小旻》：「謀夫孔多。」說客，遊說之客。《史記・酈生陸賈列傳》：「酈生常爲說客。」

④談天雕龍：《史記・孟子荀卿列傳》：「談天衍，雕龍奭。」衍謂騶衍，其所談盡天地廣大之事，故曰談天。奭謂騶奭，善修飾文辭，如雕鏤龍文，故曰雕龍。

⑤堅白同異：堅白之說，出於《公孫龍子》。胡適《中國哲學史大綱》：「堅白論的大旨是說，若沒有心官做一個知覺的總機關，則一切感覺都是散漫不相統屬的；但可有這種感覺和那種感覺，決不能有連絡貫串的知識。所以說『堅白石二』。若沒有心官的作用，我們但可有一種『堅』的感覺，和一種『白』的感覺，決不能有一個『堅白石』的知識。」同異之說，出於惠施，《莊子・天下》篇引惠施的話說：「大同而與小同異，此之謂小同異；萬物畢同畢異，此之謂大同異。」意即一切同異，都非絕對。胡適在《中國哲學史大綱》裏解釋說：「例如松與柏是『大同』，松與薔薇花是『小同』，這都是『小同異』。一切科學的分類，只是這種『小同異』。從哲學一方面看來，便是惠施所說『萬物畢同畢異』。……原來萬物各有一個『自相』，例如一個胎裏生不出兩個完全同樣的弟兄；一根樹上生不出兩朵完全一樣的花；一朵花上找不出兩個完全同樣的花瓣……這便是萬物的『自相』。有自相所以萬物畢異。但是萬物雖各有『自相』，卻又都有一些『共相』。例如男女雖有別，卻同是人；人與禽獸雖有別，卻同是動物；動物與植物雖有別，卻同是生物……這便是萬物的共相。有共相萬物可說畢同。」

⑥擊劍扛鼎：擊劍，用劍擊刺之法。《史記・刺客列傳》：「荊軻好讀書擊劍。」扛，舉也。《史記・項羽本紀》：「力能扛鼎。」

⑦雞鳴狗盜：孟嘗君入秦，秦昭王囚之。孟嘗君客有能爲狗盜者，乃夜爲狗，入昭王宮，盜孟嘗君所獻狐白裘，以獻昭王幸姬。姬爲言於王，釋孟嘗君。夜半至函谷關。關法：雞鳴，出客。客有能爲雞鳴者，一鳴而群雞盡鳴，孟嘗君始出關。（見《史記・孟嘗君列傳》）

⑧莫不賓禮：莫，猶言無人也。賓禮，待以賓見之禮。

⑨靡衣玉食：靡衣，靡麗之衣。《漢書・韓信傳》：「靡衣媮食。」玉，食珍美之食品。《書・洪範》：「惟辟玉食。」

⑩何可勝數：勝，音ㄕㄥ，盡也。數，計也。

⑪越王句踐有君子六千人：越王句踐，春秋時越國諸侯，滅吳而稱霸。《國語・吳語》：「越王以其私卒君子六千人爲中軍。」注：「私卒君子，王所親近有志行者。」

⑫魏無忌、齊田文、趙勝、黃歇、呂不韋：魏無忌，魏昭王子，號信陵君。齊田文，齊宗室田嬰子，相齊，號孟嘗君。趙勝，趙惠文王弟，相趙，號平原君。黃歇，楚相，號春申君。此四君者，即所謂戰國四公子也。呂不韋，陽翟大賈，家累千金，相秦莊襄王，封文信侯。

⑬招致任俠姦人六萬家於薛：招致，謂招來之也。任俠，見題解。姦人，無行之人也。薛，孟嘗君封邑，在今山東滕縣東南。

⑭稷下：古地名。在今山東臨淄縣北古齊城西。《史記・田敬仲完世家》：「齊宣王時，稷下學士復盛，且數百千人。」

⑮魏文侯、燕昭王、太子丹：魏文侯，名斯，一作都。周威烈王時，與韓、趙三分晉國，列爲諸侯。師卜子夏，友段干木，有好賢之譽。燕昭王，名平。即位後，卑身厚幣，以招賢者，爲郭隗築黃金臺，師事之；於是士爭趨燕，國以富強。燕太子丹，燕王喜子，曾質於秦，亡歸，陰養壯士，圖報秦，後使刺客荆軻往刺秦王政，未成。

⑯致客：致，羅致也。客，即人任俠之士。

⑰張耳、陳餘：俱大梁人，初爲刎頸交，秦末共起兵，略趙地。後有隙，耳走漢，漢遣兵擊趙，斬餘，封耳爲趙王。（見《史記・張耳陳餘列傳》）

⑱廝養：供賤役之人。《史記・張耳陳餘列傳》：「有廝養卒謝其舍中。」《集解》：「折薪爲廝，炊烹爲養。」

⑲豪傑：才智出衆之人。

⑳田横：齊遺族，秦末，據齊地稱王。及漢高祖即位，横與徒屬五百人入居海島中。高祖召之，至洛陽，自殺。五百人聞之，皆殉焉。

㉑智勇辯力：智，智慧過人之人，如張良之流。勇，氣盛無所畏避者，如廉頗之流。辯，能言善辯之說士，如張儀之流。力，以氣力勝人之人，如朱亥之流。

㉒天民：天生之民也。
㉓類不能惡衣食以養人：類，大抵之意。惡，粗劣也。
㉔因俗設法使出於一：衣著風俗之各異，而設立各種不同之法制，使四者皆得用其才力於一途。
㉕九品中正：三國時，魏陳群創立九品中正之法：於郡縣設小中正，州設大中正，小中正就本地人才，按其德學才行，分為九等，移交大中正，經其核實，送至司徒覆核，最後由吏部銓授官職。
㉖科舉：隋唐鑒於九品官人之制多流弊，改行考試制。其科目有秀才、明經、進士、俊士、明法、明字、明算等。按照科目取士，世稱科舉。其後宋、元、明、清四朝，開科取士，亦稱科舉。
㉗然：如此也。
㉘莫為之先：無人為之先導也。
㉙既并天下：并，兼并也。
㉚墮名城：墮，俗人戶隳，音ㄏㄨㄟ，毀壞也。
㉛槁項黃馘：槁項，謂頸枯槁羸瘦之貌。馘，音ㄒㄩˋ，面也。黃馘，謂面現黃色。
㉜布褐：賤者之服。喻賤夫。
㉝輟耕太息以俟時：《史記・陳涉世家》：「涉嘗與人傭耕，輟耕之壟上，悵恨久之。曰：『苟富貴，無相忘！』傭笑之，涉太息曰：『嗟呼！燕雀安知鴻鵠之志哉！』」
㉞代相陳豨從車千乘：代相，即代王之相。代，即今山西代縣。陳豨，宛句人，漢高祖時，封列侯，監趙代

邊兵。後豨反，自立爲代王，帝自將擊誅之。從車千乘，言其賓客之多也。豨音ㄒㄧ。

㉟吳濞、淮南、梁王、魏其、武安：吳濞，即吳王濞，高祖兄仲之子。濞，音ㄆㄧˋ。淮南，即淮南王安，高祖孫。好神仙之術。梁王，即梁孝王，名武，文帝子，作曜華宮及兔園，招延四方豪傑，自是山東游士多歸之。魏其，即魏其侯竇嬰，文帝后兄廣國之從子。七國反封爲大將軍，事平封魏其侯，武帝立，爲丞相，推隆儒術，天下游士多歸之。武安，即武安侯田蚡，景帝王皇后同母弟，好儒術。

㊱懲：引前事之失敗以爲戒也。

㊲縻：牛轡也，作動詞用，籠絡之意。

㊳若夫：若，轉折連詞，文言文說完一事，另提一事時用之。夫，音ㄈㄨˊ，指示形容詞，作「此」「這」講。

㊴君子學道則愛人小人學道則易使：君子，指在位之人。小人，指平民。道，指禮樂言。

【評析】

《詩》云：「人之云亡，邦國殄瘁。」故自古柄國者，得人則昌，失人則亡。重耳流亡十九年，卒能反國，而霸諸侯，賴其從者之多英賢也。劉邦以寡弱之衆，終能敗強大之項羽者，以有張良、蕭何、韓信、陳平諸英傑爲之用也。反之，晉惠、懷失國，即在於「內外惡之」；項羽之亡，在于失韓信與范增而已。智、勇、辯、力四者，固天民之英傑也，用之以其道，則爲國家之棟樑，失之以其道，則爲國家之大患。推誠相與，富貴共之，則竭智盡忠，奮厲以報國，此魏徵所以有〈十漸〉〈十思〉之疏，武侯所以有出師兩表之奏也。功名不與，王路晦塞，則鋌而走險，此黃巢之所以爲盜首，李振之所以憤清流，牛金星之所以歸闖賊也。大蘇此文，重點乃在於興辦教育，培育人才，誠探本之論也。治國者，於大蘇此文，可不三思而愼取乎？

教戰守策

夫當今生民之患①，果②安在哉？在於知安而不知危，能逸③而不能勞。此其患不見④於今，而將見於他日。今不爲之計⑤，其後將有所不可救者。

昔者先王⑥知兵之不可去⑦也，是故天下雖平，不敢忘戰。秋冬之隙⑧，致民田獵以講武⑨，教之以進退坐作⑩之方，使其耳目習於鐘鼓旌旗⑪之間而不亂，使其心志安於斬刈殺伐⑫之際而不懾⑬。是以雖有盜賊之變，而民不至於驚潰。

及至後世，用迂儒⑭之議，以去兵⑮爲王者之盛節⑯。天下既定，則卷甲⑰而藏之。數十年之後，甲兵頓敝⑱，而人民日以安於佚⑲樂；卒⑳有盜賊之警㉑，則相與恐懼訛言㉒，不戰而走。開元、天寶㉓之際，天下豈不大治？惟其民安於太平之樂，酣豢㉔於遊戲酒食之間；其剛心勇氣，銷耗鈍眊㉕，痿蹶㉖而不復振。是以區區之祿山㉗一出而乘㉘之，四方之民，獸奔鳥竄，乞爲囚虜之不暇。天下分裂，而唐室因以微矣。

蓋嘗試論之：天下之勢，譬如一身。王公貴人所以養其身者，豈不至㉙哉？而其平居常苦於多疾。至於農夫小民，終歲勤苦，而未嘗告疾，此其故何也？夫風雨霜露寒暑之變，疾之所由生也。農夫小民，盛夏力作，窮冬㉚暴露，其筋骸之所衝犯，肌膚之所浸漬㉛，輕㉜霜露而狎㉝風雨，是故寒暑不能爲之毒㉞。今王公貴人，處於重屋㉟之下，出則乘輿，風則襲裘㊱，雨則御蓋㊲。凡所以慮患之具，莫不備至。畏之太甚，而養之太過，小不如意，則寒暑入之矣。是以善養身者，使之能逸能勞；步趨動作，使其四體㊳狃㊴於寒暑之變；然後可以剛健強力，涉險而不傷。夫民亦然。

今者治平之日久，天下之人，驕惰脆弱，如婦人孺子，不出於閨門㊵。論戰鬥之事，則縮頸而股慄㊶；聞盜賊之名，則掩耳而不願聽。而士大夫亦未嘗言兵，以爲生事擾民，漸不可長㊷。此不亦畏之太甚，而養之太過歟？

且夫天下固有意外之患也。愚者見四方之無事，則以爲變故無自而有，此亦不然矣。今國家所以奉西北二虜㊸者，歲以百萬計。奉之者有限，而求之者無厭㊹，此其勢必至於戰。戰者必然之勢也，不先於我，則先於彼；不出於西，則出於北。所以不可知者，有遲速遠近，而要以不能免也。

天下苟不免於用兵，而用之不以漸，使民於安樂無事之中，一旦出身而蹈死地㊺，則其爲患必有所不測。故曰：天下之民，知安而不知危，能逸而不能勞，此臣所謂大患也。臣欲使士大夫

㊻尊尙武勇，講習兵法；庶人之在官者㊼，教以行陣之節㊽；役民之司盜者㊾，授以擊刺之術；每歲終則聚於郡府㊿；如古都試之法51，有勝負，有賞罰，而行之既久，則又以軍法從事52。然議者必爲無故而動民，又撓53以軍法，則民將不安；而臣以爲此所以安民也。天下果未能去兵，則其一旦將以不教之民而驅之戰。夫無故而動民，雖有小怨，然孰與夫一旦之危哉54？

今天下屯聚之兵55，驕豪56而多怨，陵壓百姓，而邀57其上者，何故？此其心，以爲天下之知戰者，惟我而已。如使皆習於兵，彼知有所敵58，則固以破其奸謀，而折其驕氣。利害之際，豈不亦甚明歟？

【題　解】

策，文體之一種。漢應試陳言，謂之對策；後世人臣著策上於朝廷者，稱爲進策。坡公在仁宗嘉祐二年（西元一〇五七年），應制科時，進〈時務策〉二十餘篇，皆有關政治、經濟、教化、軍事之大計，本文爲〈安萬民六策〉之第五策（按六策之目：㈠敦教化；㈡勸親睦；㈢均戶口；㈣較賦役；㈤教戰守；㈥去姦民。）旨在說明國家承平之時，須使民受軍事部勒，習攻戰防之技能。蓋平時能居安思危，莊敬自強，而後始能處變不驚，臨危制節，以弭不測患。其閎識遠見，歷久而彌新。《宋史》謂仁宗見大蘇小蘇制策，喜曰：「吾爲子孫得兩宰相矣。」惜爲朝臣所沮，未克展其長才，吾爲二蘇惜，更爲北宋哀也。

【校　勘】

甲兵頓敝：《東坡選集》明刊本、《蘇文彙選》明刊本，「頓敝」均作「頓弊」，香港錦章書局本作「損敝」。世界書局本（以下簡稱世界本）、商務印書館萬有文庫本（以下簡稱商務本）均作「頓弊」。案：「弊」與「敝」通，壞也。《說文》：獘，从犬敝聲。《說文通訓定聲》：「獘叚借爲敝」。

終歲勤苦：《東坡選集》明刊本、世界本，勤苦作「勞苦」。《蘇文彙選》明刊本作「勤苦」，以「勤苦」勝。

未嘗告病：《東坡選集》明刊本、商務本、世界本「告病」均作「告疾」。《蘇文彙選》明刊本作「告病」，與前文「常苦多疾」相應，以「告疾」勝。

縮頸而股慄：《蘇文彙選》明刊本「股慄」作「股栗」，《東坡選集》明刊本、世界本、商務本均作「股慄」。案：「栗」同「慄」。

聚於郡府：《東坡選集》明刊本、商務本、世界本「於」均作「之」。《古今文選》作「於」，《蘇文彙選》明刊本作「于」，「于」「於」古今字，以「於」勝。

有勝負，有賞罰：各善本「賞」上均有「有」字，世界本、商務本無「有」字，殆手民之誤。

雖有小怨：《東坡選集》明刊本、商務本、世界本「怨」均作「恐」，《蘇文彙選》明刊本作「怨」。以「怨」爲佳。

破其奸謀：《東坡選集》、《蘇文彙選》、《蘇文忠公文集》各善本均作「姦謀」，世界本、商務本亦同。《古今文選》作「奸謀」。案：姦，私也。見《說文》。段注：「俗作奸，其後竟用奸字。」奸，歌安切，音ㄍㄢ，犯也，俗讀ㄐㄧㄢ，與姦通用。自以「姦」爲正。

【注釋】

① 生民之患：指百姓之憂患。

② 果：究竟、到底。

③ 逸：安樂、安逸。

④ 見：同現。即顯現之意。

⑤ 爲之計：做好打算，做周全之計畫。

⑥ 先王：古代賢明之君主。

⑦ 去：廢除，解除。

⑧ 隙：空閒，指農閒。

⑨ 致民田獵以講武：致民，招集人民。田，亦作畋，獵也。講，習也。句猶今語「招集人民田獵，來練習武藝。」

⑩ 進退坐作：軍事操練中，進、退、坐、起等基本動作。坐，跪也。作，起立也。

⑪ 鐘鼓旌旗：指揮軍隊行動之號令。古代作戰，擊鼓而進，鳴鐘而退。旌旗，指揮軍旅行動之信號。《孫子

‧軍爭》第七：「言不相聞，故爲鼓鐸；視不相見，故爲旌旗；所以一人之耳目也。」《左傳》成公二年：「師之耳目，在吾旗鼓，進退從之。」

⑫ 斬刈殺伐：刈，音一ˋ，斷也、殺也。謂作戰時，用兵器互相砍殺。

⑬ 慴：恐懼。

⑭ 迂儒：指言行迂闊而不切實際之書生。迂，音ㄩ。

⑮ 去兵：解除武備。《論語‧顏淵》篇：「子貢問政。子曰：『足食，足兵，民信之矣。』子貢曰：『必不得已而去，於斯三者何先？』曰：『去兵。』」

⑯ 盛節：大德，美德。盛，多也，引申爲美之意。

⑰ 卷甲：卷，亦作捲，收藏。甲，鎧甲，此泛指兵器。

⑱ 甲兵頓敝：鎧甲破損，兵器不銳利。頓通鈍。

⑲ 佚：與逸通。

⑳ 卒：音ㄘㄨˋ，同猝，突然。

㉑ 警：緊急消息。

㉒ 訛言：用作動詞，意謂散布謠言。訛，音ㄜˊ，僞也。

㉓ 開元天寶：均唐玄宗年號（開元，西元七一三－七四一年；天寶，西元七四二－七五六年）。

㉔ 酣豢：酣，長久享樂也。豢，音ㄏㄨㄢˋ，養也。酣豢，猶言耽樂。

㉕鈍眊：即鈍老、遲鈍，指勇氣消竭。眊，音ㄇㄠˋ，通耄，老也。《漢書・武帝紀》師古注：「眊，古耄字。」

㉖痿蹶：痿，音ㄨㄟˇ，病名，筋肉萎縮，不良於行。蹶，音ㄐㄩㄝˊ，跌倒。引申爲委靡之意。

㉗祿山：即安祿山，唐營州柳城胡人，因守邊有功，玄宗時，擢升節度使，兼領平盧、范陽、河東三鎭。天寶十四載，舉兵造反，陷長安，自稱雄武帝，國號燕。後爲其子慶緒所弒。

㉘乘：音ㄔㄥˊ，勝也。《書・西伯戡黎序》：「周人乘黎。」鄭玄注：「乘，勝也。」

㉙至：善也。

㉚窮冬：深冬。

㉛浸漬：受水而濕透。漬，音ㄗˋ。

㉜輕：漠視，不在乎。

㉝狎：音ㄒㄧㄚˊ，與「輕」同義。

㉞毒：傷害。

㉟重屋：即樓房。重，音ㄔㄨㄥˊ。

㊱襲裘：外加皮衣。

㊲御蓋：御，用也。蓋，傘也。

㊳四體：手足四肢。

㊴狃：音ㄋㄡˇ，習慣。

㊵閨門：內室之門。

㊶股慄：兩腿發抖。形容極端恐懼。

㊷漸不可長：意謂不可讓生事擾民一端，漸次蔓延擴大。漸，音ㄐㄢ，徐徐而進，凡由淺入深，由近及遠謂之。

㊸西北二虜：西指西夏，北指遼，即契丹。宋代遼、夏為患，朝廷每年奉獻金銀布帛，以求苟安。

㊹無厭：沒有滿足。厭，音ㄧㄢˋ，與饜通，飽足。

㊺出身而蹈死地：猶今語：「要他們出來犧牲生命與敵人作戰。」

㊻士大夫：指官宦。

㊼庶人之在官者：庶民為官府徵調服務者，如宋代保甲長等。

㊽行陣之節：指軍旅中行陣之法度。

㊾役民之司盜者：徵服勤務而捕捉盜賊之庶民。

㊿郡府：古代地方行政區域之名稱。秦漢行郡縣制，宋改郡為府。此處指府治所在地。

51 都試之法：漢制，每年秋後舉行軍中校閱，藉以考校武藝，以修武備，稱為都試。

52 軍法從事：依軍法規定來實施賞罰。

53 撓：屈也，有強制使屈從之意。

㊹ 孰與夫一旦之危哉：孰與，表示比較語詞。意猶今語「怎能與那一旦突發的危險相比呢？」

㊺ 屯聚之兵：集駐在邊區之兵士。

㊻ 驕豪：驕傲強橫。

㊼ 邀：同要，強求、要挾之意。

㊽ 彼知有所敵：彼，指官兵。有所敵，有如戰之民可與之相匹敵。

【評析】

宋室自太宗進取燕雲受挫之後，即有畏縮懼敵之象。眞宗澶淵之盟，雖以偃兵息民爲名，實則北進之銳氣已失，反而南遷之謀議迭生。及仁宗時，深感北有強遼虎視，西有西夏寇掠，南有儂智高叛亂，軍政廢弛，內外多憂，故有心革新庶政，以富國強兵。但在朝之士，除范、杜、歐陽諸公外，多屬因循苟安之輩，缺乏擔當。觀嘉祐元年，明允攜二子進京，歐陽修力爲引薦，韓琦亦深然之。而號稱賢相之富鄭公，竟謂徐圖用之而已。甚至至和間韓琦還朝爲樞密使，爲士卒驕惰，欲稍裁制，恐其忤怨而生變，詢諸明允，明允針對時弊之建言，韓琦非特不以爲然，且以微咎歐陽文忠，謂此君專教人殺戮立威，豈可大用？宋室始終無法振作之由，於此，可知過半矣。坡公所獻時務策，皆經濟之方，條理分明，非徒文章之工而已也。誠如張桐初云：「坡公此策，說破宋室膏肓之病，其後靖康之禍，如逆其事者。」邦人君子對坡公此文，宜凜凜乎三思也。

蘇轍文選析評

六國論

嘗讀六國〈世家〉①竊怪天下之諸侯，以五倍之地，十倍之衆，發憤向西，以攻山西千里之秦②而不免于滅亡③，常爲之深思遠慮，以爲必有可以自安之計。蓋未嘗不咎④其當時之士，慮患之疎，而見利之淺，且不知天下之勢也！

夫秦之所與諸侯爭天下者，不在齊、楚、燕、趙也，而在韓、魏之郊⑤；諸侯之所與秦爭天下者，不在齊、楚、燕、趙也，而在韓、魏之野⑥。秦之有韓、魏，譬如人之有腹心之疾也。韓、魏塞秦之衝⑦，而蔽⑧山東之諸侯，故夫天下之所重者，莫如韓、魏也。

昔者范睢用於秦而收韓⑨，商鞅用於秦而收魏⑩，昭王⑪未得韓、魏之心，而出兵以攻齊之剛壽，而范睢以爲憂⑫；然則秦之所忌者，可以見矣。秦之用兵於燕、趙，秦之危事也；越韓過魏而攻人之國都，燕、趙拒之於前，而韓、魏乘⑬之於後，此危道也。而秦之攻燕、趙，未嘗有韓、魏之憂，則韓、魏之附秦故也。夫韓、魏諸侯之障⑭，而使秦人得出入於其間，此豈之天下之勢邪？委區區之韓、魏，以當虎狼之強秦，彼安得不折而入於秦⑮哉？韓、魏折而入於秦，然後秦人得通其兵於東諸侯，而使天下偏受其禍。

夫韓、魏不能獨當秦，而天下之諸侯，藉之以蔽其西，故莫如厚韓親魏以擯⑯秦。秦人不敢逾韓、魏，以窺⑰齊、楚、燕、趙之國。而齊、楚、燕、趙之國，因得以自完於其間矣。以四無事之國，佐當寇之韓、魏，使韓、魏無東顧之憂⑱，而爲天下出身⑲以當秦兵。以二國委秦，而四國休息於內，以陰助其急；若此可以應夫無窮⑳。彼秦者將何爲哉？不知出此，而乃貪疆埸㉑尺寸之利，背盟敗約㉒，以自相屠滅㉓，秦兵未出而天下諸侯已自困矣。至使秦人得伺其隙以取其國，可不悲哉？

【題　解】

本篇主旨在補充明允六國之不足。明允以爲六國之亡在於賂秦緩兵。本篇則言六國之亡在於不能團結互救，使敵人得以各個擊破，韓、魏亡而他國繼之。

【校　勘】

范睢：《史紀》本傳作范睢，《韓非子，外儲說》左上有范且，王先愼《集解》引顧廣圻曰：「范且，范睢也，且睢同字。」又《通鑑》周赧王四十五年范睢下胡三省云：「睢音雖。」

錢大昕《通鑑注辨正》云：「考梁武祠畫像作范且，且與睢同字，宜從且不從目，注讀爲雖失之甚矣。」

【注釋】

①世家：《史記》所創篇例凡五：一曰〈本紀〉，以敍帝王；二曰〈世家〉以紀侯國；三曰〈列傳〉以紀人物；四曰〈表〉，以繫時事；五曰〈書〉，以詳制度。《史記》中六國均有「〈世家〉」。

②山西千里之秦：秦地在殽山以西，以咸陽爲中心，號稱關中，沃野千里。

③不免于滅亡：秦始皇十七年（西元前二三〇）滅韓，十九年滅趙，二十三年滅魏，二十四年滅楚，二十五年滅燕，二十六年（西元前二二一）滅齊。

④咎：歸罪。

⑤郊：《說文》：「距國百里爲郊。」

⑥野：郊外、境外。

⑦塞秦之衝：塞，阻塞，阻擋住。

⑧蔽：掩護，遮擋。

⑨范睢……收韓：范睢，魏人，字叔，以私通齊國嫌疑，爲魏相魏齊所苔辱，化名張祿奔秦。以遠交近攻策說秦昭王，遂爲秦相。力言秦、韓地形交錯，勢不兩立。秦遂於周赧王五十年（西元前二六五）伐韓，取少曲、高平（今河南滑縣）等地。收，攻取也。

⑩ 商鞅……收魏：商鞅，衛人，公孫氏，曾事魏相公叔痤爲中庶子。後入秦以富國強兵之術事孝公，爲左庶長，大良造。周顯王二十九年（孝公二十二年，西元前三四〇），說孝公謀魏，乘魏馬陵之敗，伐魏，取西河地。於是秦遂控有殽函，開向東侵略之門。

⑪ 昭王：秦昭王，名則，於周赧王九年（西元前三〇六）即位。

⑫ 攻齊之剛壽，而范雎以爲憂：剛壽，今山東壽張縣。秦昭王欲攻剛壽，范雎以爲越韓、魏遠攻齊地非計，出師不能傷齊，出師多無得地之利，且有受韓、魏夾擊之患。

⑬ 乘：乘間，伺隙之意。

⑭ 障：防堵之具曰障。此作「屏障」講。

⑮ 安得不折而入於秦：折作屈服講。《戰國策・西周》：「則周必折而入於韓。」

⑯ 擯：斥棄。《後漢書・趙壹傳》：「爲鄉黨所擯。」

⑰ 窺：偷看，伺機而動之意。

⑱ 東顧之憂：東方邊境之憂患。韓、魏皆西與秦接境，以全力對秦時，時懼東方諸侯侵襲。

⑲ 出身：挺身而出，獻身。

⑳ 應夫無窮：應那無窮之變。

㉑ 疆埸：邊境。《詩・小雅・南山》：「疆埸有瓜。」

㉒ 背盟敗約：即背敗盟約。案：六國有聯合抗秦之合縱盟約，於周顯王三十六年（西元前三三三）結成。

㉓自相屠滅：六國自相攻戰之事甚多，較重要者有三：一、齊魏之戰：周顯王二十八年（西元前三四一）齊為救韓、趙，與魏戰於馬陵（今山東濮縣），殺魏大將龐涓，太子申被虜，精銳盡失。次年秦與諸侯伐魏。魏被迫自安邑遷都大梁，從此國勢一蹶不振。二、齊楚之戰：楚懷王與齊從親，秦使張儀誘楚使絕齊。齊以楚負約為名，號召韓魏與秦共伐楚，楚屢敗，國勢日衰。三、齊燕之戰：齊乘燕內亂滅燕，至周赧王三十年（西元前二八五）燕樂毅率趙、楚、韓、魏兵攻齊，齊大敗幾亡國。後齊雖得擊敗燕軍而復國，燕齊二國已兩敗俱傷。

【評析】

三蘇均撰有〈六國論〉，但從論點至作法各有不同。老蘇〈六國論〉，著眼「弊在賂秦。」暗指北宋屈辱輸銀之外交政策之不當；大蘇〈戰國任俠論〉，（或作「〈養士論〉」或作「〈六國論〉」，題名不一。）隱指北宋蔑視知識份子，不重教育之失策；小蘇斯篇〈六國論〉著眼「天下之勢」，暗喻北宋前方受敵而後方安樂腐敗之可憂。（案：子由死後十五年，北宋即滅亡。）三蘇之孤懷宏識，各具千秋。但大蘇從教育著眼，尤為探本之論。觀《論語》：「子適衛，冉有御。子曰：『庶矣哉！』曰：『既庶矣，又何加焉？』曰：『富之！』曰：『教之！』」《孟子》：「仁言，不如仁聲之入人深也；善政，不如善教之得民也。善政，民畏之；善教，民愛之。善政，得民財；善教，得民心」兩章，可知教育為治國之本，放諸四海而皆準，百世以俟聖人而不惑之讜論。人謂眉山三蘇以大蘇為最有光焰，良有以也。

孟德傳

孟德者，神勇之退卒也①。少而好山林，既爲兵②，不獲如志③。嘉祐中，戍秦州④，秦中多名山，德出⑤其妻，以其子與人⑥，而逃至華山下⑦，以其衣易一刀十餅，以攜入山，自念：「吾禁軍也。今至此，擒亦死，無食亦死，遇虎狼毒蛇亦死，此三死者，吾不復卹矣⑧，惟山之深者往焉。」食其餅既盡，取草根木實⑨食之，一日十病十愈⑩。吐、利、脹、懣⑪，無所不至，既數月安之，如食五穀。以此入山，二年而不飢，然遇猛獸者數矣，亦輒⑫不死。德之言曰：「凡猛獸類能識人氣，未至百步，輒伏而號，其聲震山谷，德以不顧死，未嘗爲動，須臾奮躍如將搏焉，不至十數步則止而坐，逡巡弭耳而去⑬；試之前後如一。後至商州⑭，不知其商州也，爲候者所執⑮，德自分死矣，知商州宋孝孫謂之曰：「吾視汝非惡人也，類有道者。」德具道本末⑯，乃使爲自告者，置之秦州。張公安道⑰適知秦州，德稱病得除兵籍爲民。至今往來諸山中，亦無他異能。夫孟德，可謂有道者也。世之君子，皆有所顧⑱，故有所慕，有所畏，慕與畏交於胸中，未必用也；而其色見於面顏，人望而知之，故弱者見侮，強者見笑，未有特立於世者也。今孟德其中⑲無所顧，其浩然之氣，發越於外；不自見而物見之矣。推此道也，雖列於天地可也。曾何猛獸之足道哉？

【題解】

本文係作者名篇之一，以生動、曲折、形象，成功地塑造一位「神勇」之英雄形象。對禁軍之廢弛，與夫畏慕權勢而致浩氣蕩然之士君子，實寓暗諷之意，觀子瞻「〈書弟子由孟德傳後〉」一文，益可知作者心中之塊壘矣。

【校勘】

吐利脹懣：《清初鈔本》（以下簡稱鈔本）、中華書局《欒城集》珍倣宋版（以下簡稱中華本）、《蘇文定公文集》宋乾道淳熙眉山刊本（以下簡稱眉山刊本）作「滿」，案：「滿」音「ㄇㄣˋ」，與「懣」通，《說文》：「懣，煩也。」段注：「古亦叚滿爲之。」《說文通訓定聲》：「滿，叚借爲懣」。《漢書》佞幸〈石顯傳〉：「憂滿不食。」師古約：「滿讀曰懣，音悶。」

亦輒不死：《鈔本》作「輒」、眉山刊本、中華本均作「輒」，案：「輒」俗作「輙」，以「輒」爲正。

爲候所執：鈔本「候」、中華本亦作「候」、眉山刊本作「邏」，案：候，斥候也，偵察敵情者。邏，游偵也（見《正韻》）。「候者」、「邏者」均通。

亦無他異能：鈔本「他」，眉山刊本、中華本均作「它」，案：《釋文》：「它，古他字。」

【注釋】

①神勇之退卒：神勇，非常勇敢。神，神奇，異乎尋常。退卒，退伍之士兵。

②爲兵：當了兵。

③不獲如志：意謂自己「好山林」之志願不能實現。

④戍秦州：戍，戍守，軍隊駐防。秦州，今甘肅天水縣。

⑤出：離棄。

⑥與人：送給他人。

⑦華山：五嶽中之「西嶽」，在陝西華陽縣。

⑧恤：憂慮，驚怕。

⑨木實：樹上野果子。實，果實。

⑩十病十愈：多次得病又多次好轉。十，表示多數。

⑪吐、利、脹、懣：利，借作「痢」，痢疾。懣，胸中憤懣。

⑫輒：總是。

⑬逡巡弭耳而去：逡巡，退讓，欲進不進，遲疑不決之狀。弭耳，帖耳，順服貌。去，離開。

⑭商州：今陝西商縣。

⑮爲候者所執：爲放哨之士兵抓獲。候者，哨兵。候，守望，放哨。

⑯具道本末：具道，全部說出來。本末，事情之始末詳情。

⑰ 張公安道：張方平，字安道，自號樂全居士，官至參知政事，有《樂全集》。

⑱ 顧：瞻觀思慮。

⑲ 中：心中。

【評析】

東坡題本文之後云：「子由書孟德事見寄，余既聞而異之，以爲虎畏不懼己者，其理似可信，然世未有見虎而不懼者，則斯言之有無，終無所試之。然曩余聞忠、萬、雲安多虎，有婦人置二小兒沙上，而浣衣於水上者，有虎自山上馳下，婦人倉惶沉水避之，二小兒戲沙上自若，虎熟視之久，至以首骶觸，庶幾其一懼，而兒痴境不知怪，虎亦卒去。意虎之食人，必先被之以威，而不懼之人，威無所施歟？世言虎不食醉人，必坐守之，以俟其醒。非俟其醒，以俟其懼也。有人夜自外歸，見有物蹲其門，以爲豬狗類也，以杖擊之，即逸去。自至山下月明處，則虎也。是人非有以勝虎，其氣已蓋之矣。使人之不懼，皆如嬰兒、醉人，與其未及知之時，則虎不敢食，無足怪者。故書其末，以信子由之說。」觀此，可知「勇者不懼」，乃其「氣盛」所致，而養氣之功，惟在「配義與道」「無慊於心」而已。亦即《孟子》所謂「自反而縮，雖褐寬博，無不惴焉？自反而不縮，雖千萬人，吾往矣。」夫人對世俗之富貴，無所畏、慕，一如嬰兒，醉人，則浩然之氣，充塞胸中，又何虎之足畏哉？

武昌九曲亭記

子瞻遷於齊安①，廬②於江上。齊安無名山，而江之南武昌諸山，陂陁蔓延③，澗谷深密④。中有浮圖精舍⑤，西曰西山，東曰寒溪⑥，依山臨壑⑦，隱蔽松櫪⑧，蕭然絕俗⑨，車馬之迹不至。每風止日出，江水伏息⑩。子瞻杖策載酒⑪，乘漁舟亂流⑫而南，山中有二三子，好客而喜游，聞子瞻至，幅巾⑬迎笑，相攜徜徉⑭而上，窮山之深⑮，力極而息⑯，掃葉席草⑰，酌酒相勞⑱，意適忘反⑲，往往留宿山上。以此居齊安三年，不知其久也。

然將適⑳西山，行於松栢之間，羊腸九曲而獲少平㉑，遊者至此必息。倚怪石，蔭茂林，俯視大江，仰瞻陵阜㉒，旁矚㉓溪谷，風雲變化，林麓向背㉔，皆效㉕於左右。有廢亭焉，其遺址甚狹，不足以席衆客。其旁古木數十，其大皆百圍千尺，不可加以斤斧。子瞻每至其下，輒睥睨㉖終日。一旦大風雷雨，拔去其一，斥其所據，亭得以廣。子瞻與客入山視之，笑曰：「茲欲以成吾亭耶？」㉗遂相與營之，亭成而西山之勝㉘始具，子瞻於是最樂。

昔余少年，從子瞻遊。有山可登，有水可浮，子瞻未始不褰裳先之㉙。有不得至，爲之悵然移日㉚。至其翩然㉛獨往，逍遙㉜泉石之上，擷林卉㉝，拾澗實㉞，酌水而飲之，見者以爲仙也。蓋天下之樂無窮，而以適意㉟爲悅。方其得意，萬物無以易之㊱；及其既厭㊲，未有不洒然自笑者也㊳。譬之飲食，雜陳於前，要之㊴一飽，而同委㊵於臭腐。夫孰知得失之所在？惟其無愧於中㊶，無責於外㊷，而姑寓焉㊸，此子瞻之所以有樂於是也。

【題解】

本文作于宋神宗元豐五年（西元一〇八二年），時蘇軾已謫居黃州三年，蘇轍往見。兄弟二人同遊武昌西山，各自有詩文紀游，本文即其中之一。武昌，縣名，漢朝稱「鄂縣」，三國時吳國孫堅曾一度在此建都，改名「武昌」，即今湖北省鄂城縣，并非武漢三鎮之武昌。九曲亭，《大清一統志》載：「湖北武昌府：九曲亭在武昌縣（今鄂城縣）西九曲嶺，爲孫吳遺迹，宋蘇軾重建，蘇轍有記。」

【校勘】

寒溪：中華書局《欒城集》珍倣宋版、清初鈔本、《欒城集》明東吳王執禮清夢軒刊本（以下簡稱清夢軒本）「溪」均作「谿」。案「溪」同「谿」。

相攜：清初鈔本「攜」，中華書局《欒城集》珍倣宋版作「擕」，清夢軒本作「檇」。案：「檇」、「擕」，與「攜」同有三音：⑴音ㄗㄨㄟ；⑵音ㄗㄨㄟˋ，《說文》：「以木有所擣。」⑶音ㄨㄟˊ，爲木名，均不可通。以「攜」、「擕」爲正。

少平：「少」鈔本作「小」，清夢軒本、中華書局《欒城集》倣宋版均作「少」，以「少」爲正。

輒睥睨：輒，鈔本「輙」、清夢軒本、中華本均作「輒」，輙爲輒之俗體字，以「輒」爲正。

洒然：洒，鈔本作「灑」，清夢軒本、中華本均作「洒」，案：「灑」同「洒」。

【注釋】

①子瞻遷于齊安：遷，貶官遠調。蘇軾在宋神宗元豐三年（西元一〇八〇年）春貶謫齊安。齊安，即黃州，今湖北黃岡縣。

②廬：此作動詞用，結廬也，居住也。

③陂陁蔓延：山勢起伏，連綿不斷。《廣韻》：「陂陁，不平之貌。」陁，同「陀」。

④澗谷深密：澗，夾在兩山間之水溝。谷，山谷，兩山間之深溝。深密，多而幽深。

⑤浮圖精舍：佛教徒居住之房子。浮圖，佛教名詞，梵語（印度古代之一種語言）（Buddha）之音譯，亦作「浮屠」、「佛圖」或「佛陀」，意謂覺者、智者，本指「佛」，因佛教徒爲佛圖氏，佛經爲浮圖經。佛塔亦稱浮圖，此係將「佛塔」之音「窣堵波」誤譯作「浮圖」所致。精舍，即僧舍，寺院，修行者所住之房子，修練須精心，故名精舍，並非精美之房舍，《藝文類聚》：「非由其舍精妙，良由精練行者所居也。」

⑥向曰西山，東曰寒溪：西山，即樊山。此指西山寺。寒溪，指寒溪寺。《大清一統志》：「樊山在武昌縣西，一名袁山，一名來山，一名西山，一明壽昌山，一名樊岡，上有九曲嶺。寒溪在武昌縣樊山下，有寺

又名西山寺，在武昌縣西。晉朝建寒山寺，在武昌縣寒溪上，一明資聖寺。」

⑦ 壑：山溝。

⑧ 櫪：同櫟，俗名「柞樹」，落葉喬木，葉可飼柞蠶。

⑨ 蕭然絕俗：蕭然，清靜貌。絕俗，隔絕塵世。

⑩ 伏息：平息，此狀水波不興，緩緩流動。

⑪ 杖策載酒：杖，作動詞用，拄著。策，手杖。載，裝也。

⑫ 亂流：橫度。亂，橫截水流而渡。《爾雅・釋水》：「正絕流曰亂。」

⑬ 幅巾：長條形之布巾，古代男子以絹一幅（廣二尺二寸）裹頭，不戴帽子，表示儒雅不俗，有隱士之風度。

⑭ 徜徉：漫步，徘徊，形容自由自在，無拘無束地游玩。

⑮ 窮山之深：走進山之深處。窮，盡也。

⑯ 力極而息：力量用盡了，就停下來休息。極，盡也。

⑰ 席草：以草地為席，即坐在草地上。席，作動詞用，「以…為席」。

⑱ 勞：慰勞。

⑲ 意適忘反：心情舒暢，忘了回家。適，舒適暢快。反，同返，回家。

⑳ 適：往也，動詞，與上「意適」之「適」義不同。

㉑ 羊腸九曲而獲少平：羊腸九曲，比喻道路曲折而狹窄。少平，小塊平地。

㉒ 阜：土山。
㉓ 矚：注視。
㉔ 林麓向背：樹林和山腳，或面對這塊小平地，或背朝之。麓，山腳也。
㉕ 效：顯現，獻出。
㉖ 睥睨：斜著眼睛看，此作「觀察」講。
㉗ 茲欲以成吾亭耶：猶今語：「這是要我修成我的亭子吧？」
㉘ 勝：名勝。
㉙ 未始不褰裳先之：未始，未曾，不曾。褰，同「攓」把衣裳提起來。《說文》：「攓，衣也。」
㉚ 悵然移日：一整天不高興。悵然，愁悶不樂貌。移日，即逾日，過了一天。
㉛ 翩然：輕快貌。
㉜ 逍遙：此指自由自在地游玩。
㉝ 擷林卉：擷，摘取。卉，草，此指花草。
㉞ 實：此指落在山澗之果子。
㉟ 適意：合于心意，自得而樂。
㊱ 方其得意，萬物無以易之：猶今語：「當他得意的時候，任何事物都不能與他對換。」
㊲ 旣厭：已經厭倦。

㊳洒然：吃驚之狀。陸德明《經典釋文》：「洒……驚貌。」

㊴要之：總之。

㊵委：歸、付。

㊶惟其無愧於中：只要內心無愧。中，心也。

㊷無責於外：外人無從責備。

㊸而姑寓焉：猶今語：「而姑且寄託心意于此就可以了。」焉，於是，於此。

【評析】

子瞻謫居齊安，有三首詩可概況其心境，其一、〈游武昌寒溪西山寺詩〉：「連山蟠武昌，翠木蔚樊口，我來已百日，欲濟空搔首。坐看鷗鳥沒，夢逐麏麚走。今朝橫江來，一葦寄衰朽。高談破巨浪，飛履輕重阜。去人曾幾何？絕壁寒溪吼。風泉兩部樂，松竹三益友。徐行欣有得，芝木在蓬莠。西上九曲亭，衆山皆培塿。卻看江北路，雲水渺何有？離離見吳宮，莽莽眞楚藪。空傳孫郎石，無復陶公柳。爾來風流人，惟有漫浪叟。買田吾已決，乳水況宜酒？所須修竹林，深處安井臼。相將踏勝絕，更裹三日糗。」其二、〈子由來齊安未至以詩迎之〉：「驚塵急雪滿貂裘，淚洒東風別宛丘。又向邯鄲枕中見，卻來雲夢澤南州。暌離動作三年計，牽挽當爲十日留，早晚青山映黃髮，相看萬事一時休。」其三、〈與子由同游寒溪西山〉：散人出入無町畦，朝由湖北暮淮西。高安酒官雖未上，兩腳垂欲穿塵泥。與君聚散若雲雨，昔借此日相提攜。千搖萬兀到樊口，一箭放溜先鳧鷺。層層草木暗西嶺，瀏瀏霜雪鳴寒溪。空山古寺亦何有？歸路萬頃青玻瓈。我今漂泊等鴻雁，江南江北無長栖。幅巾不擬過城市，欲踏徑路開新蹊，卻憂別後不忍到，見子行迹空餘悽。吾儕流落豈天意，自坐迂闊非人擠。行逢山水輒羞歎，此去未免勤鹽虀。何當一遇李八百，相哀白髮分刀圭。」由於有：「又向邯鄲枕中見」乃有「買田吾已決」及「何當一遇李八百，相哀白髮分刀圭」之淒婉之想。〈與子由自南都來陳三日而別〉詩中之：「此別何足道？大江東西州。畏虵不下榻，睡足吾無求。便爲齊安民，何必歸故丘？」及〈初到黃州詩〉：「自咲平生爲口忙，老來事業轉荒唐。長江遶郭知魚美，好竹連山覺笋香。逐客不妨員外置，詩人例作水曹郎。只慚無補絲毫事，尚費官家壓酒囊」之心境迴異其趣。小蘇兄弟情深，故此文旨在爲大蘇開懷釋憂，信手拈來，委婉動人，情景交融，餘意不盡，洵《欒城集》中之珍品也。

東軒記

余既以罪謫筠州鹽酒稅，未至，大雨。筠水泛溢，蔑①南市，登北岸，敗②刺史府門。鹽酒稅治舍，俯江之滑③，水患尤甚。既至，敝不可處④。乃告於郡，假部使者府以居。郡憐其無歸⑤也，許之。歲十二月，乃克支其欹斜⑥，補其圮⑦缺，闢聽事堂之東爲軒，種杉二本⑧，竹百箇

⑨，以爲宴休⑩之所。然鹽酒稅舊以三吏共事，余至，其二人者，適皆罷去，事委于一。晝則坐市區，鬻鹽沽酒稅豚魚⑪，與市人爭尋尺以自効，莫歸，筋力疲廢，輒昏然就睡，不知夜之既旦，旦則復出營職，終不能安於所謂東軒者。每旦莫出入其旁，顧之，未嘗不啞然⑬自笑也。

余昔少年讀書，竊嘗怪顏子以簞食瓢飲，居於陋巷，人不堪其憂，顏子不改其樂。私以爲雖不欲仕，然報關擊柝⑭，尚可自養，而不害於學，何至困辱貧窶⑮自苦如此。及來筠州勤勞鹽米之間，無一日之休。雖欲棄塵垢，解羈縶⑯，自放於道德之場，而事每劫而留之。然後知顏子所以甘心貧賤，不肯求斗升之祿以自給者，良以⑰其害於學故也。嗟夫！士方其未聞大道，沉酣⑱勢利，以玉帛子女自厚，自以爲樂矣。及其循理以求通，落其華而收其實，從容自得，不知夫天地之爲大，與生死之爲變，而況其下者乎！故其樂也，足以易窮餓而不怨，雖南面之王不能加之，蓋非有德不能任也。余方區區⑲欲磨洗濁汙，晞⑳聖賢之萬一，自視缺然㉑，而欲庶幾㉒顏氏之樂，宜其不可得哉？

若夫孔子周行天下，高爲魯司寇㉓，下爲乘田㉔、委吏㉕惟其所遇，無所不可。彼蓋達者之事，而非學者之所望也。余既以讁來此，雖知桎梏㉖之害，而勢不得去，獨幸歲月之久，世或哀而憐之，使得歸休田里，治先人之敝廬，爲環堵㉗之室而居之。然後追求顏氏之樂，懷思東軒，優游㉘以忘其老，然而非所敢望也。元豐三年十二月初八日，眉陽蘇轍記。

【題解】

宋神宗元豐三年（西元一〇八〇年），蘇轍貶筠州（今江西高安縣）鹽酒稅，屬於市場管理之小官。由於大雨成災，惟有借居以開闢「東軒」，作爲晏休之所。軒，有窗檻之長廊或小室。

【校　勘】

敝不可處：清初鈔本、清夢軒本「敝」均作「弊」，「敝」，「弊」通，見前《戰國策》校勘說解。

聽事堂：清鈔本「聽」，作「聽」，案：《正字通》：「聽，聽字之譌。」詳見〈墨竹賦〉校勘。莫帰：清鈔本作「帰」，《欒城集》東吳王執禮清夢軒刊本、臺灣中華書局珍倣宋版《欒城集》均作「歸」。案：帰，歸之籀文。

顏氏之樂：清夢軒本「樂」作「福」，清初鈔本、中華書局《欒城集》均作「樂」，以「樂」爲佳。

歸休田里：清夢軒本「休」作「伏」，中華書局《欒城集》珍倣宋版、清初鈔本均作「休」，以「休」勝。

敝廬：中華書局《欒城集》珍倣宋版作「敝廬」，清初鈔本、清夢軒本「敝」均作「弊」，敝、弊通，說見前。

【注　釋】

① 蔑：毀滅。

②敗：壞也，此作大水「沖壞」講。
③江之滸：錦江邊上。江，蜀江，今名錦江，在高安縣北流過。滸，水邊。《詩・魏風・伐檀》：「置之河之滸兮。」
④敝不可處：敝，破敗，毀壞。處，置身，居住。
⑤無歸：無處安身。
⑥乃克支其欹斜：克，能。欹，傾斜，向一邊歪倒。
⑦圮：坍塌。
⑧種杉二本：種兩株杉樹。杉，又名沙木，常綠喬木，幹高而直，木材耐朽。
⑨竹百箇：一百來株竹子。
⑩宴休：安閑休息。宴，逸樂，閑居。
⑪鬻鹽沽酒稅豚魚：鬻，賣。沽，通酤，買或賣。豚，小豬。
⑫旦：天亮。
⑬啞然：笑聲。
⑭抱關擊柝：守關巡夜之人，喻地位低微之小吏。《荀子・榮辱》：「或監門御旅，抱關擊柝，而不自以爲寡。」抱關，守關。擊柝，巡夜。柝，古代巡夜者擊以報更之木梆。
⑮窶：貧寒。《詩・邶風・北門》：「終窶且貧。」

⑯羈縶：束縛。羈，馬絡頭。縶，絆馬索。
⑰良以：確實因為。良，副詞，確實，實在。
⑱沉酣：沉醉於。酣，飲酒盡量，引申沉湎暢快。
⑲區區：意同「姁姁」，喜悅自得貌。
⑳晞：仰慕。
㉑缺然：不足，不如貌。
㉒庶幾：副詞，表示希望。
㉓魯司寇：魯，春秋戰國時諸侯國，地在今山東省。司寇，古代官名，主管刑獄，為六卿之一，春秋諸國都設有司寇官。
㉔乘田：春秋時魯國管理牧場飼養之小吏。《孟子・萬章》下：「（孔子）嘗為田矣。」
㉕委吏：古代負責倉庫保管、會計事務之小官。《孟子・萬章》下：「孔子嘗為委吏矣，曰：會計當而已矣。」
㉖桎梏：腳鐐手銬，古代用來拘系罪人手腳之刑具。比喻一切束縛人之物事。
㉗環堵：周圍環著四堵牆，中無所有，形容居室隘陋。
㉘優游：悠閑自得貌。《詩・大雅・卷阿》：「優游休矣。」

【評析】

東坡〈與王定國書〉云：「子由來陳（州）相別，面色殊清潤，目光炯然。夜中行氣臍腹間，隆隆如雷聲。其所行持，亦吾輩所常論者。但此君有志節，能力行耳。」觀此，可知子由雖貶謫筠州，局促東軒之中，位卑而事繁，仍以樂道自許，以爲求道之樂南面王不能加之。證之〈雪中會飲李倅鈞東軒三絕〉：「衆客喧嘩發酒狂，逡巡密雪自飛揚，莫嫌作賦無枚叟，且喜延賓有孝王。雪花如掌墮堦除，劇飲時看臥酒壺。半夜瓊瑤深沒膝，欲歸迷路肯留無？竹裏茅庵雪覆簷，爐香藹藹著蒲簾。欲求初祖安心法，笑我醺然已半酣。」惟有忘我作樂，曾無貶竄之戚，益信東坡謂其實勝己之言非過譽也。本文情深景實，廖廖數筆，寫盡一位小吏忙碌之狀，與夫貧而樂道之心境。較之乃兄〈東坡八首〉尚高一層次也。

墨竹賦

與可以墨爲竹，視之良竹也。客見而驚焉，曰：「今夫受命於天，賦形於地，涵濡雨露①，振蕩風氣，春而萌芽，夏而解弛，散柯②葉，逮冬而遂③，性剛絜而疎直，姿嬋娟以閑媚④；涉寒暑之徂變⑤，傲冰雪之凌厲⑥；均一氣於草木，嗟壤同而性異；信物生之自然，雖造化其能使？今子研青松之煤⑦，運脫兔之毫，睥睨牆堵，振洒繒綃，須臾而成；鬱乎蕭騷，曲直橫斜，穠纖庳高⑧，竊造物之潛思，賦生意於崇朝⑨。子豈誠有道者耶？」

與可听然而笑曰：「夫予之所好者道也，放乎竹矣！始予隱乎崇山之陽，廬乎脩竹之林，視聽漠然⑩，無槩⑪乎予心，朝與竹乎爲游⑫，莫與竹乎爲朋，飲食乎竹間，偃⑬息忽竹陰，觀竹之變也多矣；若夫風止雨霽，山空日出，猗猗⑭其長，森乎滿谷，葉如翠羽⑮，筠如蒼玉⑯，澹乎自持⑰，淒兮⑱欲滴。蟬鳴鳥噪，人響寂歷⑲；忽依風而長嘯，眇掩冉⑳以終日，眇含籜㉑而將墜，根得土而橫逸㉒，絕澗谷而蔓延，散子孫乎千億。至若藂薄㉓之餘，斤斧所施，山石犖确㉔，荆棘生之；蹇㉕將抽而莫達，紛既折而猶持，氣雖傷而益壯，身已病而增奇，淒風號怒乎隙穴，飛雪凝沍乎陂池㉖；悲衆木之無賴，雖百圍而莫支，猶復蒼然於寒之後，凜乎無可憐之姿。追松栢以自偶㉗，竊仁人之所爲，此則竹之所以爲竹也。始也，余見而悅之，今也，悅之而不自知也；忽乎忘筆之在手，與紙之在前，勃然㉘而興，而脩竹森然㉙，雖天造之無朕㉚，亦何以異於茲焉？

客曰：「予聞之：庖丁，解牛者也，而養生者取㉛之；輪扁，斲輪者也。而讀書者與之㉛；萬物一理也，其所從爲之者異爾。況夫子之託於斯竹也，而予以爲有道者，則非耶？」與可曰：「唯唯！」㉜

【題解】

宋代名畫家文與可名同，自號笑笑先生，梓州永泰（今四川鹽亭東）人。與蘇氏兄弟既爲良友復爲親戚（中表兄弟），善于畫竹。子由此賦即爲贊美文與可墨竹之畫。指出文與可曾生活在墨竹之中，十分熟悉自己所畫之對象，由墨竹生長之規律而悟及書畫之道，提筆作畫，爐火純青，巧奪天工。子瞻在〈文與可畫篔簹谷偃竹記〉中引述此賦中「庖丁，解牛者也。」數句後云：「子由未曾畫也，故得其意而已，若余者豈獨得其意，幷得其法。」子瞻固書畫名家也，故如是云云。可與此篇互相參讀。

【校勘】

性剛絜：「絜」坊本或作「潔」，清初鈔本、中華書局《欒城集》珍倣宋版〈以下簡稱中華本〉、《欒城集》清夢軒刊本均作「潔」。案：潔、絜同作「清」解。以「絜」勝。

听然而笑：「听」，清夢軒本、中華本均作「听」，清初鈔本作「忻」。案：听，笑貌。《史記・司馬相如列傳》：「亡是公听然而笑。」以「听」勝。

視聽漠然：清初鈔本「聽」作「聽」，案：「聽」，「睦」之譌字〈見《正字通》〉。睦，音ㄊㄛ，《集韻》：「睦，睦默，目欲臥貌。」自以「聽」爲正。

山石犖确：清夢軒本、中華本「确」均作「埆」，确同埆。

凝沍乎陂池：清夢軒本「沍」作「冴」，案《正字通》：「冴，沍譌字。」

蹇將抽而莫逵：清夢軒本、中華本「逵」作「達」，案：逵，道通也；逵，四道交出，復有旁道也，《爾雅・釋宮》：「九達謂之逵。」以文句觀之，從「逵」爲佳。

客曰蓋予聞之：坊本無「客曰」二字，清初鈔本、清夢軒本均有「客曰」二字，坊本文首起即有「客見而驚焉曰」之語，自以有「客曰」二字為佳。

【注釋】

①涵濡：潤濕。沉浸。濡，沾濕。

②柯：樹枝。

③逮冬而遂：逮，及、到。遂，順利成功。引申為長成。

④姿嬋娟以閑媚：嬋娟，姿態美好。閑媚，文雅美好。閑，通嫻，文雅也。

⑤涉寒暑之徂變：涉，經歷。徂，開始。《詩・小雅・四月》：「四月維夏，六月徂暑。」

⑥凌厲：昂揚奮起貌。

⑦青松之煤：用松烟制成墨。

⑧穠纖庳高：穠，花木繁盛貌。纖，細小。庳，低、矮。

⑨崇朝：猶終朝也。《詩・鄘風・蝃蝀》：「朝隮于西，崇朝其雨。」傳：「崇，終也，從旦至食時，為崇朝。」

⑩漠然：冷淡貌。習以為常，不在關注。

⑪槩：系念，放在心上。

⑫為游：交朋友。游，交游。

⑬偃：仰臥。

⑭猗猗：美麗旺盛貌。《詩・衛風・淇奧》：「綠竹猗猗。」猗通阿，長而美。《詩・小雅・節南山》：「有實其猗。」傳：「猗，長也。」又《詩・小雅・隰桑》：「隰桑有阿。」鄭玄注：「枝條阿阿然長美。」

⑮葉如翠羽：竹葉如翠綠色之羽毛。

⑯筠如蒼玉：筠，原爲竹之青皮，引申爲竹之別稱。杜甫〈崔氏東山草堂〉：「柴門空閉鎖松筠。」蒼，青色。

⑰澹：通「贍」，自給。

⑱淒：此指寒露。

⑲寂歷：寂寞。

⑳眇掩冉：眇，與上句「忽」同意，眇忽，微茫貌。掩冉，掩映柔美。冉，通「苒」，柔弱美麗貌。曹植〈美女〉篇：「柔條紛冉冉。」

㉑笋含籜：笋，竹芽。籜，包在竹笋外之葉，俗稱「笋殼」。

㉒橫逸：指竹根在土中四散伸長。

㉓蘩薄：蘩薄。草本從生之處。《楚辭・招隱士》：「蘩薄深林兮人上栗。」洪興祖補注：「深草曰薄。」

㉔犖确：山多大石，韓愈〈石山〉：「山石犖确行徑微。」

㉕蹇：跛足，引申爲艱難。一說：蹇，語助詞。

㉖ 飛雪凝沍乎陂池：凝，寒凝凍結。沍，原作「冱」，凍結。《列子・湯問》篇：「霜雪交下，川池暴冱。」乎，同於。陂池，池沼。

㉗ 偶：雙，匹配。

㉘ 勃然：突然奮發貌。

㉙ 森然：行容竹林蓁生茂密貌。

㉚ 天造之無朕：天衣無縫，極言高超、完美。朕，縫隙。

㉜ 唯唯：謙卑之答應辭。猶今語「是的，是的。」

【評析】

《莊子・齊物論》：「昔者莊周夢爲蝴蝶，栩栩然蝴蝶也，自喻適志與，不知周也。俄然覺，則蘧蘧然周也。不知周之夢爲蝴蝶與？蝴蝶之夢爲周與？周與蝴蝶，則必有分矣。此之謂物化。」莊周夢爲蝴蝶，能「自喻適之」，乃「不知周也。」此乃佛家之眞境現前，前後除斷之意境。亦即「物化」後之知覺，將自己與對象，皆從時空中隔斷，以與自然冥合爲一。文與可畫墨竹自謂「始予隱乎崇山之陽，廬乎修竹之林，視聽漠然，無槩乎予心，朝與竹乎爲朋，飲食乎竹間，偃息乎竹陰，觀竹之變也多矣。……始也，余見而悅之；今也，悅之而不自知也；忽乎忘筆之在手，與紙之在前，勃然而興，修竹森然，雖天造之無朕。」此與莊周夢蝶之境，若合一契。明允〈與可許惠所畫舒景以詩督之〉詩云：「枯松怪石霜竹枝，中有可愛知者誰？我能知之不能說，我說常恐天眞非。羨君筍端有新意，倏忽萬狀成一揮。使我忘言惟獨笑，意所欲說輒見之。問胡爲然笑不答，無乃君前南爲辭？晝行出空夜晝被，方其得意猶若痴。……」子瞻〈書晁補之藏與可畫竹三首〉之一云：「與可畫竹時，見竹不見人，豈獨不見人，嗒然遺其身。其身與竹化，無窮出清新。莊周世無有，誰知此疑神？」小蘇謂與可寄道於墨竹畫中，正與老蘇「笑不答」，「意若痴」，大蘇「嗒然遺其身」之見，均屬莊周忘我、喪我之境界，細讀之益覺韻味不盡。

靜齋詩鈔

臺北女師晨起二首

晨興展卷倚窗軒，好鳥清歌出校園。悄綻小花三五朵，春光帶訊到芳原。

風微魚逐小方塘，徙倚衣飄百卉香。鋪紙欲描無限景，詩情裝得一箱箱。

臺南師專畢業感賦三首

孤身負笈正雞鳴，曲徑羊腸跣足行。劃粥囊螢猶侈想，古今可有此書生？

苦學爲將勵少年，廿餘載尚此心堅。如今幸得鰲頭佔，首寫師恩永戴篇。

府城文物冠三臺，吾校皇皇育俊才。二載薰陶新自我，春風和煦樂追陪。

淡大中文系畢業誌感三首

碩彥鴻儒作育勤，春風桃李正欣欣。莫非天意憐幽草，似我迂疏竟出群。

淡江浩浩向西流，黌舍巍峨俯衆丘。戴月披星渾忘我，墨儒釋道並研修。

蓬島群英聚上庠，新知舊學共商量。津津樂道眞奇景，淡海夕陽一蛋黃。

日本立命館大學東洋文學研究所結業述懷三首

東瀛文化出三唐，六載研修興味長。惡衣惡食猶自樂，館名立命啓思量。

書畫詩棋各擅長，斯邦文物漢兼唐。雕紅刻翠慚才拙，俚句難登大雅堂。

旣師又保誨純誠，永戴殷殷作育勤。博士虛銜猶在候，孜孜矻矻不爲榮。

邂逅

邂逅雄動自覺奇，言談句句不離詩。欣然段老來牽線，正是秋闈品藻時。

有所思

人間道上總匆忙，卻爲眞情感念長。原本因緣天註定，一回回首一思量。

感傷

愛情學術兩茫茫，嫁娶嘉辰待細商。人靜夜深頻輾轉，重教洗手作羹湯。

獨酌

秋風初起雁南翔，輾轉思君日月長。寂寞無邊無寄處，頻斟濁酒入愁腸。

月上

月上梢頭閣影移，孤燈寒夜賦新詞。柔腸九轉初成句，寄與檀郎細細思。

醉臥萬芳樓

弱質不勝醇酒力，一觴未盡已神疲。宛如沉醉仙宮裡，記得萬芳日暮時。

神遊萬芳

輾轉思君秋夜長，一簾幽夢入廂房。敲棋品茗懷清靜，恍若神遊到萬芳。

歲末感懷

五十三年歲月寒，青燈半讀忍孤單。若知士路迍邅甚，何不移廚洗玉盤。

感　懷

宮燈道上暮鴉飛，月落梢頭踽踽歸。已覺伶仃悲耳順，平生心事總多違。

憑窗遠眺

晨起福園秋露多，一池止水不生波。憑窗遠眺神迷惘，欲與林風共譜歌。

淡江即景

觀音山北大屯西，中有神宮矗綠陂。百鳥爭鳴春日鬧，煙嵐絢爛夕陽時。

心　泉

心泉傾洩三千里，欲作佳篇寄所思。苦詠長吟非所好，應知率性即眞辭。

苦吟

詩債難還日日還，朝思暮想漸衣寬。苦吟坐到三更月，乍喜珠璣落玉盤。

孤居

淡水孤居已十年，斜風細雨擁愁眠。不知夢裡身何處，窗外寒雲自黯然。

感懷

往歲柴門百事哀，奇花不爲好詩開。久荒三徑無朋舊，獨自傾觴邀月來。

寄贈

新詩一首贈檀郎，欲託飛鴻寄萬芳。挑盡枯燈無好句，成篇不覺九迴腸。

夢迴

多年跨海徙他鄉，夢斷扶桑翰墨場。世事無常悲客子，歸來伏案鑽蘇黃。

閒適

西風捲地驀飛沙，漠漠星河吐月芽。把酒吟詩禪境靜，竹床攲臥數盆花。

夢醒二首

昔年負笈渡東洋，原望學成四海揚。多少殘更霜雪夜，猶如春夢醒黃粱。
數載東瀛歧路迷，危欄獨倚到晨熹。良宵勝景誰同賞，應是南柯夢醒時。

大阪鄉愁

北風吹拂百花闌，萬里鄉關歸夢難。明歲不知誰尚健，今朝且自漫加餐。

萬芳樓小住

晴天影抱萬芳樓，常慨居諸不我留。十里紅塵無著處，林間小住自優游。

萬安行

黃昏無事萬安行，一路蒹葭百種情。樹遶山村青不盡，含羞新月水中生。

有寄

朔風吹起幾回寒，一縷情思寄萬安。明月滿樓難入夢，焚香小坐若參禪。

九月

九月依然綠映窗，筵前相對酒盈缸。東坡山谷初相識，共賦新詞撼淡江。

寄雄勳

百二嚴關憔悴身，白頭相識海桑新。東坡山谷雙居士，同是人間灑脫人。

春遲

春寒料峭百花遲，草木榮枯各有時。幾度薰風吹拂後，桃紅柳綠展妍姿。

遊學

壯年學海覓源流，遊遍東瀛四大州。世事滄桑如夢幻，頓驚空白九分頭。

驚聞雄勳微恙心焦如焚

雄勳臥病萬芳樓，無限心焦無限愁。輾轉終宵難入寐，焚香弄鏡暫寬憂。

三更不寐戲作

三更不寐起徘徊，窗外松風入耳來。難理情絲棼萬縷，吟詩眞欲醉千杯。

獨　遊

黃昏獨自郊遊去，一路丹楓對夕暉。眼底山河皆錦繡，詩心靈妙晚風微。

歸　夢

秋風颯颯百花凋，張翰蓴鱸入夢遙。醉裡不知身底處，西樓彷彿有琴簫。

雨夜偶感

夜半驚聞雨打荷，一窗寒意襲輕羅。挑燈讀罷燈樓賦，欲飲醇醪誦九歌。

將進酒

三月不知醇酒味，綠華清且潤枯腸。明年春暖花開日，月下相隨共進觴。

與雄勳登仙跡岩

丹楓如醉滿山秋，滌淨塵心共訪幽。古廟翠微涼似水，千年仙跡石中留。

萬芳樓即景

萬安街上萬芳幽，十二樓高豁眼眸。隱岫飛雲籠翠閣，人間清靜孰能儔。

卜　婚

萬芳喜慶滿乾坤，玉宇瓊樓紀卜婚。明月入簾陪好夢，床頭猶有酒盈樽。

次韻雄勳和世革教授觀池魚詩

水湛群魚自在游，逍遙如我百無求。會文館靜情懷淡，池映星燈燦四周。

獨居

今宵獨處會文樓，不羡人間萬戶侯。海上涼風清俗慮，山間明月豁吟眸。

萬芳春色

三月萬芳春興賖，群山異卉吐奇葩。曉來百鳥枝頭鬧，露燦晨曦絢爛霞。

淡江春色

春入淡江草木薰，滿園點染各繽紛。池泉噴瀑游魚樂，鳥語清音處處聞。

淡江夜景

夕照穿窗一室暉，淡江點點暮帆歸。星燈棋布人初靜，明月清風入繡帷。

倚樓遠眺六首

黃昏獨自倚危樓，浩浩淡江天際流。極目遠山心更遠，一川明月晚風柔。

宵闌獨自倚層樓，底事難排此夕愁。不羡古今揮翰手，平生也作管城侯。

一窗明淨月光柔，俯瞰大千獨倚樓。淡淡遠山天外處，觀音長臥水長流。
淡江靜靜向西流，洗淨人間萬斛愁。獨倚長吟神往處，一輪明月照滄洲。
秋風吹起雁南遊，浩浩淡江萬古流。獨倚西樓長靜望，海天可有不眠鷗？
清晨無事倚岑樓，極目重巒畫景幽。飛翠流丹宮觀偉，軒轅神蹟萬年留。

癸酉正月南洋行雜詩六首

一、初程

鐵翼凌霄夜未央，相從夫婿下南洋。雲濤萬捲如山湧，一路奇觀巧樣妝。

二、多巴湖

多巴湖畔景觀新，漭漭滄波不染塵。峭壁懸崖多宿霧，人間仙境帝鄉鄰。

三、多巴湖夜景

多巴勝景夜來新，萬壑清幽月作鄰。鳥宿林間千籟靜，微風吹拂浪翻銀。

四、夏夢詩島

似夢如詩夏夢詩，湖中有島島中池。碧波萬頃浮天鏡，應是大千第一奇。

五、雲頂高原

雲頂高原景致奇，上蒼造物巧覃思。峰迴路轉迷前路，霧擁千山旭日遲。
峰頂長寒花信遲，終年雲霧覆園枝。南遊無事身輕日，喜見大千又一奇。

六、棉蘭山中

此日棉蘭自在遊，名山雅景不勝收。夫君躍馬猶年少，昂首揚鞭意氣遒。

敬和清塵委員還鄉探親掃墓元玉二首

知公名望重三湘，更有尊師集衆長。贈詠和吟雙妙響，湖光嶽色並庥祥。君蒿應喜親容見，懇摯終教藻采驤。棘院掄才抒偉抱，春風桃李溢芬芳。
推敲總覺意難馳，且喜騷壇有大師。拜讀名篇增雅趣，榮歸珂里賦風詩。上庠問難菁莪樂，大統春秋夢寐期。最是開懷忘我處，秋闈多士論文時。

和外子癸酉秋日登仙跡岩即興詩元韻

曲徑通幽草亦香，談詩起興勝禪忘。任他李杜光今古，看我岩巔詩滿囊。

即興

舉止溫文吐語奇，不知詩亦勝知詩。俗中有雅雅中俗，樵唱漁歌一樣宜。

月夜

多年不復訪他邦，喜與鄰人共夜釭。談到三更千籟靜，不知斜月入幽窗。

夜雨

夜雨敲窗調百般，白頭尤怯五更寒。大江南北行經遍，喜卜新居在萬安。

記夜大詩序開講

涼秋好箇氣氛氳，琴韻書聲處處聞。窗外西風吹不斷，詩筵講授意懃懃。

甲戌正月美國新澤西州探親雜感

一、新州大風雪

新州遠在白雲端，大雪紛飛徹骨寒。漫漫清宵眠不得，愁絲難理怯憑欄。
初到新州夜已深，高樓積雪怯登臨。寒風發發千家靜，宵午愁添白髮吟。
新州昨夜雪花飛，一片銀沙半掩扉。窗外北風寒徹骨，異鄉作客不如歸。
空階雪滿步難移，無盡鄉愁欲寄誰。旅叟夢魂常是客，高樓夜夜數歸期。

二、儀女開車邀遊紐約沿途參觀多處雪景

新州今日雪初晴，仍覺花香和鳥鳴。踏盡銀沙疑路斷，好風無處不同行。
雪霽驅車紐約行，笑談一路到華城。市招物様皆親切，始領唐人海外情。
萬里鋪銀景最奇，尋梅踏雪有如癡。衝寒挺玉梅欺雪，雪卻贏梅以細絲。
寒風挾雪掩通衢，不見人蹤見雁烏。萬里依親新眼界，土司嚐盡念蓴鱸。

三、康兒夫婦率孫利周利婷餞別儀女與外孫女麗安亦偕送至機場

最奇雪霽更隆寒，喜與兒孫共晚餐。揮手依依相惜別，新州忽隔萬重巒。

新竹錦山四首

錦山遠隔日升東，靜靜溪流兩岸楓。白鶴鷺鷥聲斷續，風清雲澹古今同。
錦山遠在水流東，鳥渡雲移今古同。斷壁殘垣橫絕嶺，芒花落盡臘梅紅。
錦山高聳入雲中，翠竹蒼松物象融。秋水暮煙難具狀，幽巖窈窕樹玲瓏。
錦山彷彿畫圖中，百尺蒼崖點染工。最是令人懷念處，村歌橫笛牧牛童。

甲戌孟秋與外子雄勳三兒小康孫利周利婷外孫女麗安參觀紐約自由女神像四首

從古人神甚感通，自由鍾愛應相同。我來瞻仰低回想，何日塵寰萬類融。
夫君含笑語兒孫，促我吟詩記趣痕。天外海風掀浪舞，高樓林立向黃昏。
久聞紐約廈摩天，海上遙觀始信然。世貿大樓尤卓偉，女神相對萬千年。
豈止人間愛自由，神祇想更喜優游。八仙過海曾經否，欲向崖邊問水流。

歎世四首

分身本體說離魂，扮鬼裝神號至尊。信衆聞風忙下跪，翻雲覆雨亂乾坤。
妙天魔法判陰陽，故作通靈發異光。騙術已然迂佛道，耶穌應亦斥荒唐。

禪修禪坐滿城風，七力妙天詐術同。景氣蕭條人性弱，南柯夢醒頓成空。

夜　讀

秋風挾雨過寒江，孤枕難眠對夜釭。讀罷傳奇翻左傳，不知曉月下西窗。

遙　寄

秋風瑟瑟雨瀟瀟，蓬島新州萬里遙。此夕心懷千百種，江淹別賦也難描。

憶舊遊

蟋蟀入門秋意濃，霜楓紅透夕陽峰。山僧問我舊遊處，仙跡岩巔月下松。

丙子中秋寄雄勳二首

年年欣賞月團圓，今歲中秋怯獨眠。但願天教銀漢淨，清光同映兩心田。

秋風蕭瑟雨綿綿，淒切嫦娥霧裡眠。愁緒萬端無解處，低回提筆譜詩箋。

又憶仙跡岩

蟋蟀入床已近冬，千山草木顯寒容。欲尋仙跡舊遊處，煙霧茫茫何處從。

偶感

閒暇無事賞丹楓，更欲題詩入畫中。半世蹉跎慚故我，依然不作蠹書蟲。

虹橋夕照

風微雨細碧蒼穹，鬬渡橋飛一道虹。終日鳥聲啼不斷，淡江夕照奪天工。

古寺鐘聲

淡江黌舍近家邊，水色山光綠半天。古寺鐘聲何爾早，惱人清夢不成眠。

山村冬至二首

錦山十月始飛沙，寂寞倚窗憶老家。天際茫茫雲起處，寒梅應亦吐新芽。

無端思緒亂如麻，獨自憑窗日影斜。忽憶山村冬至後，枯藤老樹有棲鴉。

晚晴二首

連綿陰雨亂心情，向晚蒼穹始轉晴。若問今宵何處去，樓前斜月為吾明。
田野無人萬籟清，寒星點點映窗明。今宵難得心情好，香片烏龍樣樣烹。

淡大四十六周年校慶二首

忽聽上庠溢笑聲，恍疑學子論深耕。推窗遠眺笙歌處，蘭展園遊百景呈。
卅六年前慶校生，卿雲糾縵淡江清。笙歌簫鼓同歡樂，園北園南無限情。

為外子迎觀音二首

人生在世本無常，迎得觀音設佛堂。夜夜朝朝勤膜拜，虔祈夫婿早安康。
觀音大士顯靈光，驅鬼驅魔納百祥。祐我夫君祛病云魔，天長地久壽而康。

桂花時節

夫君臥病在重洋，故舊人疏三徑荒。試看籬邊芳草地，一株秋桂自飄香。

高樓獨坐

山自悠閒水自淙，黃昏坐看夕陽春。不知人事多乖舛，忽覺高樓秋意濃。

夜思

星河點點月光幽，萬籟無聲夜入秋。燈下夢殘驚坐起，敲窗風響使人愁。

偶感

少壯輕狂老亦狂，人生何苦抱書囊。茶煙棋影常神往，只憾當年選錯行。

山居五首

蝸居客歲喜新遷，歸隱山林似謫仙。若問此間何處好，夜來深院靜如禪。

大屯山下淡江邊，卜得新居瞬十年。遠隔塵囂三萬里，神宮鐘鼓到窗前。

遠隔紅塵俗慮蠲，怡然田野宛如仙。清晨漫步饗園靜，百道銀珠出噴泉。

奇花異卉滿山巔，饗舍巍然俯大千。霞蔚雲蒸生翠巘，觀音與我隔窗眠。

淡水常年景色妍，人間仙境淨無煙。邇來總覺山居好，心靜方知是佛緣。

旡畏先生捐建樂穀文教紀念館謹賦俚句呈正二首

唯楚有材自幼聞，獨欽興學化人群。郡庠尚德千秋業，巍館深懷橋梓勛。

竹風湘水隔鯤洋，喜見文章煥館藏。繪得三松新創意，睨看北浦與南張。

定成委員榮退頌詞

掄才棘院我欽公，獨樹高風不苟同。縱使珠衣點彼首，依然玉尺愼其衷。上庠並席常承教，翰苑聯吟輒見工，舉國文賢齊晉頌，堪稱榮退德聲隆。

關渡宮玉皇殿

仰觀玉帝坐珠宮，寶相莊嚴福地中。淡水龍魚皆雀躍，靈山草木並青蔥。蟬聲似在談玄妙，花影如知悟色空。我上樓前凝目望，三危仙景出鴻濛。

午夜瑞秀來電論學

持筆作新詩，孤燈相對痴。電話鈴聲響，斷我湧泉思。欣然商舊學，旋又論新知。孔子道一貫，孟荀始分岐。傳統梁任公，新潮胡適之。二更到午夜，堅白辨參差。愧我腹笥窘，難窮索丘疑。

賀瑞秀教授喬遷

華夏巍峨矗市衢，樓前遠望足清娛。山飛細雨千林翠，湖湧夕潮一鏡朱。鎭日人車忙碌碌，清晨鐘鼓覺于于。喬遷更富唱隨趣，神往藝宮有也無。

丁丑上巳雅集二首

少長群賢集一堂，敲詩論藝暢稱觴。趣唐理宋與清鍊，滿堂琳瑯各擅長。

牛年上巳興逾常，祭酒定公踵謝王。信有蘭亭新序出，書神文釆並飛揚。

次韻酬定公所長

人佩詩癡有定公，高朋相與振騷風。義熙紀歲覘陶志，哀郢攄懷見屈忠。竽濫序庠余是愧，門無時醉世斯同。終年碌碌成何事，一笑塗鴉紙滿筒。

感事二首

腥風血雨豈無因，物慾橫流汩本眞。社鼠城狐爭作主，但求富貴不求仁。

人生道上總艱辛，欲效尼山樂處仁。名利渾然身外物，渠居富貴我安貧。

暮春二首

總疑君去白雲隈，獨對庭花燦爛開。三徑就荒窗鎖綠，一雙粉蝶過牆來。
落花片片已春深，日暮苔階返照侵。林立華居湮野趣，空留村景畫中尋。

母親節哀白曉燕二首

蓬島蒼生惡夢多，心靈改革又如何？蕙枝竟爾遭橫折，慈母哀哀譜輓歌。
燕子飛來十七年，花容月貌化天仙。狂風暴雨無端起，折翼塵寰我亦憐。

贈王仁鈞教授

諤諤王夫子，讜言懾四鄰。高懷盈正氣，豈止法書珍。

丁丑重陽述懷

重陽雅集未追陪，獨抱芸編夢一回。覓覓尋尋倚慢調，易安情思最堪哀。
不知秋思落誰家？一片丹楓醉夕霞。寒露嚴霜催白雁，離人孤躅向黃花。

美國新澤西州新居即景五首

輪奐華居罨野煙，小橋流水境如仙。蟲鳴鳥語忘羈旅，風月彌山不論錢。

兩岸叢林綠半天，塵囂遠去一村煙。輕盈小兔西邊出，不識人間有繳弦。

一雙撥鼠出林來，覓食徐徐亦快哉。正待定神看仔細，驀然跳躍入山隈。

西邊野鹿小盤桓，仰首如思佇足觀。想是尋朋來道喜，願教新屋樂平安。

四圍庭院碧如茵，晨露晶瑩灑玉珍。怕上高樓觀野色，歸愁多在暮雲津。

淡大蘭陽分校成立頌詞二首

頭城地脈似蟠龍，挹得上庠聖道東。分校經筵開講際，龜山朝日一天紅。

頭城無愧號頭城，太學崇巍足主盟。成俗化民欣更始，五峰飛瀑萬珠明。

靜夜思

月明人靜感宵長，山野微風幾許涼。遙望仙蹤邈何處？新州空闊霧茫茫。

夜　賦

銀河迢遞雨初情，月滿西樓夢不成。臥讀古今離恨傳，教人垂淚到天明。

懷　舊

往事頻頻入夢中，滿懷淒楚望蒼穹。再難共賞巴蕉雨，只許孤吟翠竹風；山上杜鵑啼落寞，
樑間燕子話情衷；天高水遠雲深處，試問夫君可與同？

聽友人述說往事因賦詩相贈四首

細將往事說從頭，我竟吁嗟淚欲流。溫淑謙恭誰可匹，班昭重出必賡謳。
一粟大千萬象奇，雌雄莫辨事堪悲。絳壇同慨斯文墜，村叟紛疑何處師？
每讀岷詩總費思，古今悲劇一般悲。莫將往事移情想，且自開懷笑有癡。
女其不爽士罔極，汝與吾心共憾之。天道周星終必復，春來草木又榮滋。

賀王甦教授榮退并序

辛酉仲秋，我從日本返國，窮困潦倒，饔飧不繼，當年為圓留學美夢的雄心壯志，頓時消失

殆盡，頗感後悔莫及。幸天無絕人之路，經熱心的學長杜松柏先生引薦下，認識當時擔任夜間部中文系系主任的王甦教授，從此使我在事業暨學術研究方面獲得很大的轉機。在淡大的二十餘年間他對我的關心、指引，寸衷誌感，弗可言宣。《左傳》有句話說：「微夫人之力不及此。」我不正是如此嗎？在他屆齡退休之時，無以回報，謹賦一詩以賀之，詩云：

治史揚才識，吟詩寄性靈。

滿園桃李盛，榮退見溫馨。